韩国四大财团转型升级中崛起

陈根　著

電子工業出版社
Publishing House of Electronics Industry
北京 · BEIJING

内 容 简 介

在韩国四十多年的赶超历史中，财团始终扮演着一种重要的角色，本书从研究影响韩国经济命脉的四大财团出发，通过对三星、现代、SK 及 LG 这些韩国顶级企业商业策略的深入分析、对比研究，揭示韩国企业在全球布局、营销战略、产品及技术研发思考、人才运用策略上的成功经验，使读者了解韩国经济现状及企业成功的关键因素，对当今企业发展具有重要的借鉴意义。

图书在版编目（CIP）数据

韩国四大财团转型升级中崛起 / 陈根著．—北京：电子工业出版社， 2014.4
ISBN 978-7-121-22572-7
Ⅰ．①韩…　Ⅱ．①陈…　Ⅲ．①财团－研究－韩国　Ⅳ．①F279.312.6

中国版本图书馆 CIP 数据核字（2014）第 039940 号

策划编辑：徐　静　　齐　岳
责任编辑：刘　凡
印　　刷：北京虎彩文化传播有限公司
装　　订：北京虎彩文化传播有限公司
出版发行：电子工业出版社
　　　　　北京市海淀区万寿路 173 信箱　邮编 100036
开　　本：880×1 230　1/32　印张：4.875　字数：144 千字
印　　次：2023 年 9 月第 2 次印刷
定　　价：45.00 元

凡所购买电子工业出版社图书有缺损问题，请向购买书店调换。若书店售缺，请与本社发行部联系，联系及邮购电话：（010）88254888。

质量投诉请发邮件至 zlts@phei.com.cn，盗版侵权举报请发邮件至 dbqq@phei.com.cn。

服务热线：（010）88258888。

序1

目前，转变增长方式，调整经济结构，促进产业升级，已成为中国经济建设重大而紧迫的任务，也是实现可持续发展的必由之路。

在此过程中，由于民营企业已占中国企业总数的80%以上，且在经济社会发展及参与国际竞争中有着举足轻重的作用，其总体的转型升级不仅关系到非公有制经济的发展前景，也关系到国家重大战略的实施程度；从长远看，甚至可以说，关系到全面小康社会建设目标和中华民族伟大复兴的中国梦之实现。面对全球经济格局深度调整，国际竞争更趋激烈，我国支撑发展的要素条件发生深刻变化的新形势，民营企业转型升级势在必行，否则，许多企业就难以生存和发展。然而，转型升级并非易事，既要靠国家政策导向和扶持，靠各级政府帮助和指导，也要靠企业自身自觉调整和勇于开拓创新，还应借鉴本土企业和国外企业的有益经验。

凡是对韩国有所了解的人都知道，三星、现代、LG、SK等企业在韩国经济发展中起着中流砥柱的作用，在国际上也是声名显赫，但我们未必清楚他们是怎样发展成长起来的。陈根博士所著《韩国四大财团转型升级中崛起》这本书给我们提供了答案。书中对四大财团成为"巨人"的历程深入浅出、较为详细的描述，对他们的成功经验进行的客观分析，结合我国企业的现实状况作的比较性探讨，都会对处于转型升级困境中的企业有所启迪，开阔思路。从这个意义上说，广大民营企业家朋友可以将此书视为"良师益友"，受到"智慧之光"，增强转型升级的信心和力量，努力使企业做优、做强、做大、做久，抓住重要战略机遇期，开辟新天地，谱写新篇章，为国家强盛、人民幸福作出新贡献！

但愿此书得到广大企业家的喜欢！

全国政协委员
全国工商联原副主席 孙晓华

二〇一四年三月六日

序2

2008年全球金融危机爆发，令世界各国的经济高强度震荡。走在全球化道路上的各国企业，无不面临着经济转型与升级带来的巨大压力。在这个时期，韩国企业诸如三星、现代汽车、LG、SK等一批优秀的企业，在韩国政府的引导下，通过对自身的转型、变革，先行于世界，积极探索转型与升级的道路并努力践行之。他们的自我提升，为韩国社会经济在国际金融危机的环境下保持稳健发展作出了卓越的贡献。

时至今日，国际金融危机的影响仍在延续，全球经济在缓慢复苏，增速还将继续放缓。而在这个时候，欣闻《韩国四大财团转型升级中崛起》一书即将面世，我甚感惊喜。该书全面、客观、深刻地解读了韩国最优秀的一批企业在转型升级中的卓越表现。而更让我感到意外的是，居然是一位中国学者，如此深刻地了解韩国经济与企业发展的精髓本质。

相信《韩国四大财团转型升级中崛起》一书的发行，将让同样面临着经济转型压力的中国企业家乃至其他国家的企业家能够了解韩国社会与经济发展的实际情况，了解韩国企业如何在经济全球化、竞争白热化的形势下，转型成功并支持国家经济的可持续发展。同时，该书还将对处于转型期节点上的企业给予思路上的启发，起到解疑、释惑、指路的作用，让他们在转型升级的道路上更好、更快的前行。

在此，我向《韩国四大财团转型升级中崛起》一书的作者陈根博士表示感谢！陈根博士也是我目前所接触的、对于韩国经济与企业问题研究最深刻的一位中国专家。希望能早日看到该书的出版，同时建议翻译成韩语等多国语言发行，以惠及同样面临着经济转型升级压力的世界各国企业。

韩国前副总理、东部集团会长（制造·流通）

2014/3/7 于韩国

序3

日本曾经是世界第二大经济体，当年的日本政府培育了三菱、三井、住友、安田四大财团，并通过这四大财团发展对外经济，而这四大财团旗下所控制的海外品牌也给日本带来了极大的经济繁荣。

韩国政府是效仿着日本政府的产业模式来推动经济发展的。在韩国四十多年的赶超历史中，经济发展模式经历了不同阶段的变化与转型，最终也形成了以三星、现代、SK、LG 四大财团企业为核心的经济发展模式。如今韩国已从亚洲“四小龙”之尾跃居为世界第十大经济体。在高科技实力竞争中，韩国不断创新，赶超日本，其电子产业在市场上的占有率已超过日本。

《韩国四大财团转型升级中崛起》这本书从研究影响韩国经济命脉的四大财团出发，通过对三星、现代、SK 及 LG 这些韩国顶级企业商业策略的深入分析、对比研究，比较客观、真实地剖析了韩国企业在全球布局、营销战略、产品及技术研发思考、人才运用策略上的成功经验。书中还对韩国的国家策略，以及韩国的社会状况等方面进行了研究，对于中国友人了解韩国经济现状及企业成功的关键因素，对于中国企业的全球化发展布局具有一定的借鉴意义。

三星集团 总顾问 友山教授
2014 年 1 月

前言

三星，为了市场什么都可以改变。

现代，死活全靠品质与工业设计。

SK，哪里赚钱就往哪里渗透发展。

LG，为了活下去甚至可以改名换姓。

中国企业，我们能走韩国企业的这种生存、发展之道吗？

日本政府曾经是世界上最强势的政府之一，当年的日本政府培育了三菱、三井、住友、安田四大财团，日本政府通过这四大财团发展对外经济，这四大财团旗下所控制的海外品牌也给日本带来了极大的经济繁荣。

韩国政府也是效仿着日本政府的产业模式推动经济发展的，在韩国四十多年的赶超历史中，经济发展模式经历了不同阶段的变化与转型，最后也形成了以三星、现代、SK、LG四大财团企业为核心的经济发展模式。通过阅读这本书，你就可以基本掌握韩国经济的发展路径。

本书从研究影响韩国经济命脉的四大财团出发，通过对三星、现代、SK及LG这些韩国顶级企业的商业策略的深入分析、对比研究，揭示韩国企业在全球布局、营销战略、产品及技术研发思考、人才运用策略上的成功经验，使读者了解韩国经济现状及企业成功的关键因素，对当今我国企业发展具有重要的借鉴意义。

为什么一个三星就能把苹果斗得那么痛苦，把日本、中国台湾的IT产业搅得那么头疼？

为什么一个现代就能把日系汽车在中国的占有率从宝座上拉下来？

为什么中国还没有三星、现代这样的企业？

因为韩国的产业发展在营销战略上有非常独到的策略：

(1) 为了帮助韩国企业在海外获得发展，总统可以为了企业订单而亲自出面公关。

(2) 韩国企业为了建立品牌，不遗余力地打造明星、输出文化，让受众喜欢韩国文化时选择了韩国产品。

(3) 当大家都认为中国是世界工厂的时候，韩国却把中国当成市场进行培育。

(4) 当我们在聚焦国进民退还是民进国退的时候，韩国四大财团却已经在海外控制了大量的石油、核电等大宗基础资源。

(5) 韩国财团为了获得市场，在品牌输出时，可以抛弃原品牌，重新树立新品牌，生存是他们的第一法则。

(6) 当日本人还在研究如何通过工业设计提升产品竞争力时，韩国已经着手进行对于消费者与文化的研究。

本书揭秘韩国四大财团的产业布局与发展野心，直观地让中国企业家明白并思考世界大财团如何在短期内发展壮大。

目 录

CONTENTS

第一章

在动荡中崛起的韩国

PART 1

1 韩国的经济环境与状况

2 韩国经济的“国退民进”

3 韩国市场开拓的双重策略

4 强力模块企业让“超越日本”触手可及

1 韩国的经济环境与状况

如果要描述韩国现在的步调特征，可以说是在动荡危急之中依然蓬勃发展。1998 年亚洲金融危机曾让韩国面临国家破产，在IMF(国际货币基金组织，International Monetary Fund) 劝导之下，韩国政府调整了货币与相关政策，仅在数年间就奇迹般地以V 字形自谷底翻升，并在 2000 年之后，顺利保持了经济的持续增长。同时，李明博政府在国民的高支持率之下，果敢地签订了对美FTA（自由贸易协议），并且在国会得到通过。

图 1-1 强势复苏示意图

“一个支点，撬动地球。”区别于日本努力依靠大众与众多类似企业来提升国力，韩国则把希望放在少数精英人士与精英企业身上，全力进行重点培育。

在韩国，能够代表这个国家的企业或人才都聚集在小部分人手中，即韩国社会所谓的精英群体。以企业界来说，代表韩国的就是三星、LG、现代、SK 等几大财团企业，而这些财团的领导人也成为了韩国企业家的代表。

同时，强烈的民族向心力也让整个国民的力量自发自觉地把韩国的国家地位往上推。

2 韩国经济的“国退民进”

为了让市场的“无形之手”发挥作用，推动整个国家经济向前发展，韩国自 20 世纪 60 年代末期开始，在“国退民进”方针的指导下，通过数次民营化政策，加速了“公共事业民营化”的步伐。

1968-1973 年，在第一次民营化时代，韩国将大韩运输、大韩航空、仁川制铁等制铁、运输、航空部门的公企业民营化。这些企业民营化之后收入转亏为盈，因此被称为“成功的民营化”。

1980 年左右，韩国开始了第二次民营化时代，将韩一、第一、信托、韩兴等银行转为民营，目的是实现金融市场化。

自 1987 年开始，韩国的第三次民营化由韩国政府“公企业民营化推进委员会”负责推动实施，让韩国电力、国民银行、韩国通信、浦项制铁等优良公企业转为民营。

从 1993 年开始，第四次民营化是以大韩重石、外换银行（KEB）、韩国重工业当中的部分公社（注：“公社”为政府出资的公用事业企业）、国民银行等 22 家企业为目标对象展开。

1997 年，亚洲金融危机爆发。韩国于 1998 年开始，在“公企业民营化推进委员会”的推动下，对韩国重工业（第四次民营化也实施过）、韩国通讯、烟草人参公社、大韩输油管公社等八家公司，以及韩国电力、瓦斯公社、地区暖气工程三家公司部分进行民营化运作。在李明博政府时期，韩国于 2012 年开始实施农协、KTX、产业银行的民营化。

表 1-1 韩国经济“国退民进”进程

进 程	时 间	事 件
第一次民营化	1968-1973 年	将大韩运输、大韩航空、仁川制铁等制铁、运输、航空部门的公企业民营化
第二次民营化	1980 年	将韩一、第一、信托、韩兴等银行转为民营，目的是让金融市场化
第三次民营化	1987 年	将韩国电力、国民银行、韩国通信、浦项制铁等优良公企业转为民营
第四次民营化	1993-2012 年	韩国重工业、韩国通讯、烟草人参公社、大韩输油管公社等八家公司，以及韩国电力、瓦斯公社、地区暖气工程三家公司的部分进行民营化运作。2012 年起实施农协、KTX、产业银行的民营化

3 韩国市场开拓的双重策略

在推进国家经济发展的过程中，韩国通过双重策略（国家策略+企业策略）开拓市场。在双重策略执行过程中，韩国严格秉承“韩国国家市场策略凌驾于各个企业市场策略之上”的原则。

那么，什么是韩国的国家市场策略？这可以说是韩国的软实力策略。美国政治学者约瑟夫·奈伊指出，韩国彻底营造出了“应该被爱、被尊敬的国家”的形象；如果韩国能被世人喜爱、尊敬的话，那么韩国生产的产品一定也能被接受。于是，韩国政府在东亚各地大力推广韩流文化，积极用文化打前锋，帮助销售韩国产品并树立韩国品牌。

（一）对世界市场的区分

在对国内市场推行“国退民进”政策的同时，韩国还加强了对世界市场的划分，这也让韩国的出口比例迅速飙升。

对世界市场出口贸易的扩大往往左右着一国的经济动向。也正因为如此，韩国把出口政策——“扩大出口总体战”当作国家经济的主要策略，并于2008年开始全面展开。

政策的主要内容如下。

首先，韩国将世界市场分成三类：一是日本、美国、欧洲的**成熟市场**；二是中国、印度、东盟（东南亚国家联盟，ASEAN）等**成长市场**，三是中东、中南美、独联体等**潜力市场**。在针对各市场推行不同的政策方针的同时，韩国更是倾全国之力对各市场展开出口策略。

表 1-2 韩国对世界市场的划分

韩国所划分的世界三类市场		
成熟市场	成长市场	潜力市场
日本、美国、欧洲	中国、印度、东协(东南亚国家协会，ASEAN)	中东、中南美、独联体

(二)在“成长市场”和“潜力市场”形成强力驱逐

面对成长市场、潜在市场，韩国依托精英企业的产品，如三星、LG 等家电产品、移动电话，现代、起亚汽车等，强力驱逐之前占有市场的日本产品，并在短时间内获得很高的市场占有率。该经济策略在 2000 年以后顺利推进，并且依照国家预定计划不断发展。

研究韩国经济的学者基本上都把韩国成功的秘密归结为“推出比日本等先进国家产品质量略低的产品，再以便宜的价格在市场上获得竞争优势”。这个论点有一定道理，但也不完全正确。韩国产品究竟是如何在短时间内提高知名度，和日本并驾齐驱，甚至凌驾于日本之上的呢?

第一，韩国企业会彻底研究“成长市场”与“潜在市场”的消费者需求，设计并基于产品制定营销策略。例如在销售冰箱方面，日本公司认为冰箱属于日常使用的产品，所以应该着重于冷冻冷藏功能，即使价格偏高，也要能够研发、生产、销售坚固耐用的多功能产品，但韩国企业却不这么认为。在“成长市场”与“潜在市场”里，韩国企业首先考虑的是用户多样化的需求，如推出可以上锁的冰箱，这样可以满足消费者要防止女佣私下偷吃东西的心理；其次，再考虑要储存的物品。

在韩国，冰箱里要储存的是泡菜，在印度是咖哩块，在俄国是蔬菜，在巴西是肉类……于是，韩国企业会依照各国储存物品的差异来巧妙地改变冰箱内部构造设计，让用户可以更方便地保存食物。

韩国企业并不像日本企业那样重视冷冻冷藏功能，他们认为只要能用便宜且功能齐全的零件组合冰箱就足够了，这样可以降低成本，实现差异化定价。空调与手机也是采用相同的策略，三星便是

图 1-2 韩国产品设计

凭借比苹果手机更低的价格参与智能手机的竞争的。所以，针对韩国与日本的市场竞争，我们可以形象地归结为**“日本人设计产品，而韩国人设计消费者”**。

韩国企业最得意之处就是研究如何适应市场、适应消费者，这和韩国工业化历史有很深的关联。韩国从 20 世纪 60 年代开始正式工业化，当时的韩国工业技术很低，市场上全都是外国产品。为了对抗发达国家的产品，卖出本国生产的国货，就必须提供一些适应市场的服务或是让自家产品更醒目，这种“努力顺应市场”的传统逐渐发展成为韩国企业在“成长市场”与“潜在市场”的市场策略。

第二，韩国企业投入大笔的宣传费，展开欧美企业及日本企业都想不到的大规模宣传战。宣传资金的筹措来源并不固定，有人说韩国企业是把国内销售的利润用来做国际宣传，但宣传费的金额有时会庞大到不是国内的销售利润就可以支撑的。尤其是韩国的几大财团企业为了提高自己的国际形象，投入了超乎想象的巨额资金。而且韩国企业对新兴国家市场，如“金砖五国”（含巴西、俄罗斯、印度、中国、南非）的“成长市场”更是集中投入资金，不断提升品牌认知度。因此，三星和 LG 在印度市场对于各自品牌所投入的宣传费用，连索尼、松下等日本企业都无法相比。

（三）在成熟市场强力推进

在进攻“成熟市场”时，韩国为之配套了一系列强有力的支援。

首先，在国家策略上，利用 FTA（自由贸易协议）规划出低关税的区域来协助出口企业。韩国与美国、欧盟都签订了 FTA，目的都是为了协助韩国汽车、零件产业出口。对于已经具有很强的国际竞争力、早已抢下日本市场的韩国半导体、电机、电子产业则不需要国家协助。

其次，为了降低物流成本，韩国政府在全世界二十个地区设置了共通物流中心。在“成熟市场”里，政府全面协助造船、汽车、普通机械、信息技术（IT）等可以和发达国家产品一争胜负的产业来扩张出口。以造船业为例，韩国政府为了弥补外汇风险所造成的损失，解决人手不足的问题，设立了招揽海外人才的支持中心；对汽车产业则设置了巨额的技术支持设备，同时，由政府与民间共同努力开发新技术。

再者，韩国政府在出口协助上的营销政策可谓是无微不至。如果到过东南亚机场，用手推车推行李时，一定会注意到上面有三星或 LG 等韩国企业的广告。另外，机场大厅设置的电视往往也是三星或 LG 等韩国品牌的产品。从机场到市中心的高速公路上，看到的大型广告牌都是韩国企业的。

韩国企业之所以这么积极地进行宣传工作，和韩国政府的税制优惠政策不无关系。韩国政府认为**海外宣传经费是必要经费而且给予抵税政策**，所以韩国企业都最大限度地运用这项特权，毫不心痛地砸下重金，努力为各自品牌与产品做宣传。在执行过程中，韩国企业汲取了日本企业在 20 世纪 60 年代曾因过度宣传而在泰国等东南亚国家引起反日行动的教训，通过发挥韩国文化的软实力来宣传本国品牌。

4 强力模块企业让“超越日本”触手可及

现代汽车全力向前冲，没有刹车。

三星电子创下历史新高，没有止步。

现在韩国出口企业正处于“战后”最好状况，照这个步调继续走下去，韩国“超越日本”的目标将触手可及。而支持韩国出口大企业的骨架，则是一批优秀的中小企业。

亚洲金融危机后，韩国汽车产业面临的最大、最紧急的课题，就是如何培养值得信赖的零件企业群。而之前，韩国汽车的质量一直可以说是“差强人意”，就是因为没有优秀的零件企业，以致公司根基脆弱。现代汽车为了克服这个难题，掌握住“现代和起亚整合，使汽车需求最大化”的机会，趁机培养出了能稳定地提供两家公司平常生产所需零件的制造商。

当时韩国并没有主要零件制造商（如丰田汽车有 DENSO、AISIN 公司，日产汽车有 Calsonic Kansei 公司等），为了尽快建立这类企业，现代汽车设立了现代 MOBIS 公司，积极采用 20 世纪 90 年代末期欧洲开始普及的模块化生产方式，推行利用 IT 进行零件管理。

所谓模块化生产方式，就是将零件以套组方式放在生产线上生产，而不是每条生产线都生产单一配件。这样做虽然对零件制造商来说很辛苦，但对汽车制造商而言，可以缩短生产线、提升产能，也可以削减人员。再者，韩国大企业与中小企业间的员工工资往往相差较大，也可以降低成本。但是要这么做，模块化生产的企业必须体制完整，而且产品必须尽可能内制，这样才能增加获利。如果不这样做，而是增加外购零件的数量，利润就会大幅下降。

因此，现代 MOBIS 为了在短时间内提高内制化，积极开展收购和兼并。而现代 MOBIS 又依靠独占零件的售后服务来提高获利能力，利用公司储备的资金来积极进行收购公司的活动，将之前弱小且横向排列成一线的零件企业进行整合，以现代 MOBIS 为中心进行企业重组，在短期内变成强力金字塔构造的零件企业群。

由于在韩国除了现代 MOBIS 之外，没有强而有力的汽车零件企业，所以现代 MOBIS 的收购和兼并顺利且迅速地开展起来。如果要在日本做相同的事，一定会遇到顽强的抵抗。而在欧洲到处是具有历史与独创技术能力的中小企业，要像在韩国一般进行收购整并，更是不可能的事。而韩国就这样创造出世界汽车零件史上史无前例的强力模块企业。现代 MOBIS 在刚起步时只是把零件收集在一起，把事业重心放在售后市场。但渐渐地，现代 MOBIS 也开始向功能整合和改善设计等研发层面迈进。

三星也采用了几乎相同的系统，甚至在海外拓展市场的过程中，这些下游厂商也跟着一起进驻海外，努力确保做出和韩国国内相同质量的产品。

第二章

韩国企业为何如此强大

PART 2

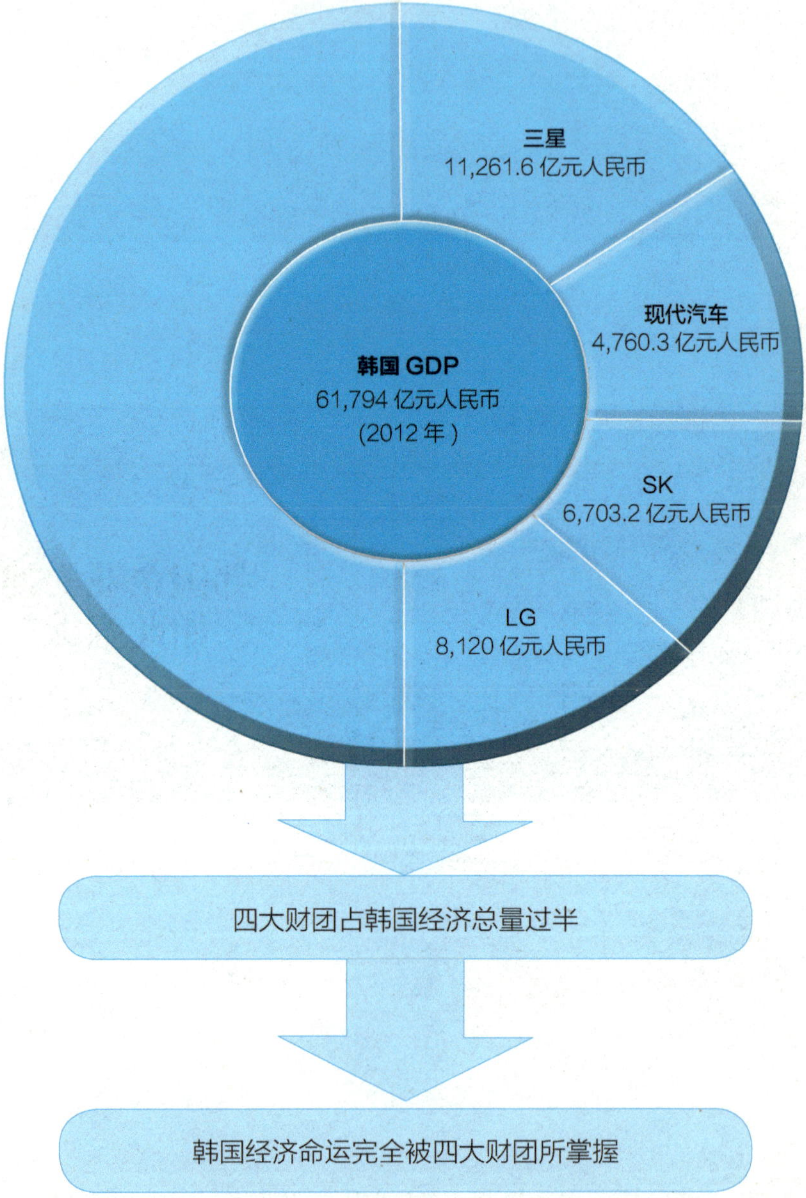

图 2-1 快速搞懂韩国四大财团

三星　韩国最大财团
超薄型电视、半导体 DRAM、手机市场占有率全球第一

- 总 资 产：10,139.92 亿元人民币
- 营业收入：11,261.6 亿元人民币
- 净　　利：335.6 亿元人民币

现代汽车　全球第五大汽车制造商

- 总 资 产：68,063.24 亿元人民币
- 营业收入：4,730.3 亿元人民币
- 净　　利：507.36 亿元人民币

SK　韩国国内最大能源与通信业企业

- 总 资 产：6,438.32 亿元人民币
- 营业收入：6,702.08 亿元人民币
- 净　　利：210.56 亿元人民币

LG　白色家电、超薄电视、手机全球市场占有率行业领先，在日本也是知名品牌

- 总 资 产：1,334.48 亿元人民币
- 营业收入：8,120 亿元人民币
- 净　　利：203.28 亿元人民币

图 2-1　快速搞懂韩国四大财团（续）

1 四大财团成就韩国经济腾飞

要想真正了解韩国企业，首先要了解韩国的“**四大财团**”。

所谓四大财团，是指**三星财团、现代汽车财团(现代·起亚汽车)、SK 财团和 LG 财团**。它们个个都是蓬勃发展的国际企业。

(一)四大财团占据韩国经济半壁江山

依据资产规模，韩国四大财团由大到小依次为三星财团、现代汽车财团、SK 财团和 LG 财团，现将各财团概况介绍如下。

三星是韩国最大财团，旗下很多企业都全球知名，包括全球最大综合家电及电子制造商三星电子、综合零部件企业三星电机、生产超薄型面板与电池的三星 SDI 等。三星可以说是韩国企业的典型代表。

排名第二的现代汽车财团是**韩国最大汽车制造商**，旗下还有起亚汽车，组成现代 · 起亚汽车集团。其汽车销售数排名全球第五，是一家在亚洲仅次于日本丰田汽车的国际汽车企业。

排名第三的 SK 财团是**韩国的最大能源及通信服务商**，主要以能源化工、信息通信为支柱产业，其核心是经营石油、化学等产品的 SK 公司，以及韩国最大的手机营运商 SK 电信等。SK 财团近年比较受到瞩目的是与日本 JX 日矿日石能源公司(主要业务为石油产品销售、天然气进口与销售等)合资，在韩国蔚山市兴建了一座全球最大的石油化学制品及润滑油工厂。

排名第四的 LG 财团是**全球第一的白色家电制造商**，其生产超薄型电视与手机等产品在全球市场中的占有率也是名列前茅。该财团的核心 LG Electronics 是韩国国内首屈一指的大企业，有“电子王国”之称。

表 2-1　韩国十大财团

排名	财团名	主要业务	总资产（亿元人民币）	营业收入（亿元人民币）	当期净利（亿元人民币）
1	三星	半导体\家电	10,139.92	11,261.6	1,335.6
2	现代汽车	汽车	6,806.24	4,730.32	507.36
3	SK	能源	6,438.32	6,702.08	210.56
4	LG	家电	1,334.6	8,120	203.28
5	浦项	钢铁	2,929.92	1,997.52	140
6	乐天	流通	100.06	61.49	4.39
7	现代重工业	造船		3,067.12	77.28
8	GS	能源	60.44	68.46	3.68
9	韩华	石油化学	6,217.61	19.63.08	56.92
10	韩进	物流	43.29	30.44	1.34

四大财团对韩国经济的影响力可谓举足轻重。

2012 年四大财团的总营业收入约为 30,815.1 亿元人民币，而韩国当年的 GDP 为 61794 亿元人民币，所以四大财团的营业收入实际上已占韩国 GDP 的近 50%。其中三星财团的营业收入为 11,261.6 亿元人民币，占韩国 GDP 的 18.2%，可以说，这一家企业的兴衰就可以左右一国的经济。

（二）财团家族的主导能力逐步增强

一般来说，财团的定义是“以同一家庭或家族出资成立的母公司（控股公司）为核心，下面再设置许多子公司，经营多种产业的企业集团”。也就是说，**四大财团的特征在于分别都由一个家族掌控**。

我们可以看看四大财团的内部人士的持股比例：三星财团为 47.5%，现代汽车财团为 49.2%，SK 财团为 64.6%，LG 财团为 44.3%（根据 2011 年韩国公平交易委员会发表的数据），创下过去 20 年来的最高纪录。虽然企业经营必须广纳人才，但在韩国财团当中，同一家族的主导能力反而有越来越强的趋势。

2 韩国的文化输出策略与韩流营销

先来说一个小故事，从中或许可以看出日、韩营销策略的差别。

在 2010 年的温哥华冬季奥运上，女子花样滑冰项目是由日本的浅田真央与韩国的金妍儿一较高下。浅田真央一直到最后都坚持展现她的三圈半跳跃，并获得成功。相对地，金妍儿选手早早就表示“我没办法跳三圈半”而放弃了该动作。但是，她很早就搬到加拿大去居住，彻底研究了奥运评审的偏好与打分倾向，设想要表演什么样的动作才能得到高分。结果，金妍儿最终获胜，浅田真央含泪获得银牌。

对韩国来说，这场比赛与其说是打败竞争对手，不如说是击败日本这个宿敌。韩国举国欢腾，确定金妍儿获得金牌后电视台切换的广告，就是金妍儿神采奕奕开着现代汽车沿着海岸线奔驰的画面。由此可以窥见这个安排的巧妙之处，以及体育运动和企业合作无间的情况。

（一）韩国“营销导向”下的市场经营

仔细思考前面这两位运动员事件中的策略，其中反映的其实就是日、韩企业的经营风格与理念。日本企业走的是重视技术的“**制造导向经营**”，就像浅田真央追求的是成功完成三周半跳跃；而韩国企业的经营风格则是重视市场的“**营销导向经营**”，正如金妍儿去研究评审的偏好，专心走符合当地情况的营销路线。

类似的例子还有很多。

比如，在伊朗销售家电的 LG 电子，为生产的微波炉产品增加了可简单做出当地传统烧烤料理的功能。而由于许多伊朗家庭都有铺地毯的习惯，LG 也推出了易于打扫地毯的吸尘器。

现代汽车在印度销售汽车时，也配合当地文化改变了一些产品规格，如特地为部分使用头巾的人加高车顶高度等。

在韩国企业的广告策略中，这种“适应当地文化而开发产品”的营销导向也是随处可见。

三星电子在巴西针对不同收入阶层的足球迷分别举办不同的体育营销活动。该公司同时赞助了受低收入者欢迎的科林蒂安足球队，以及受高收入者喜爱的帕尔梅拉斯足球队。

在俄罗斯，甚至从普京总统的办公室看出去，也可以看到一个标有“SAMSUNG”商标的巨型广告牌。

现代汽车则是在可预期会有超高收视率的美国橄榄球联盟超级碗比赛的转播过程中，播放现代汽车及旗下起亚汽车的电视广告。

为了进入土耳其市场，起亚汽车别出心裁地赞助了日本综合格斗比赛“K-1”（注：日本举办的站立综合格斗赛事，由大阪空手道场正道会馆馆长石井和义于 1993 年创办。“K-1”中的“K”代表空手道（Karate）、功夫（Kungfu）、踢拳（Kickboxing)、拳法（Kenpo) 等站立格斗技。“1”即代表第一之意）。参赛选手与工作人员均穿着印有起亚商标的 T 恤，据说对于喜欢日本又爱看格斗比赛的土耳其人，其宣传效果良好。

韩国企业除了广告创意大胆之外，更重要的是充分考虑到当地的特色和用户需求。因此，往往能够抓住目标消费人群的心。

（二）韩国致力于打造“高文化国家”

韩国自 1998 年 2 月金大中政府开始，巧妙地使用文化艺能作为市场策略。当时正值亚洲金融危机，虽然 IMF（国际货币基金组织）曾经严正警告韩国，但韩国在政府领导下依然强力推行财团整合，实施一业界一财团的“龙头政策”，把国家资源集中在精英企业上，以国家作为基础培育世界级企业。

同时，韩国充分运用软实力策略，大胆推广国家文化。最开始着手实施的策略就是“为了丰富韩国文化，必须开放日本文化”。所以，除了暴力与色情内容的文化产品，韩国全面解禁日本唱片、游戏、广播等项目。金大中政府为了创造出超越日本文化的高度韩国文化，让韩国成为高文化国家，把每年国家预算的 1% 拨为文化预算。

韩国艺人也是在金大中政府以后才开始活跃的，发迹至今时间并不长。现在韩国大型经纪公司有三个：“东方神起”、“super junior”、“少女时代”所属的 SM 经纪公司，“Wonder Girls”、“Rain”所属的 JYP 经纪公司（Rain 现在已经独立），“Big Bang”“2NEI”所属的 YG 经纪公司，成立至今均不到二十年。

他们的目标不只是韩国国内市场，而是放眼到日本、美国、中国、东南亚等海外市场。因为韩国市场太小，所以必须到国外发展，现已强势来袭中国。

（三）韩流营销的四个阶段

韩流营销的基本策略是：**先推广电影、电视剧、音乐、在线游戏等软件，吸引一群韩国文化拥趸，进而销售手机、家电等硬件。**

三星经济研究所把韩流的营销分成以下四个阶段。

第一阶段：接触到韩国音乐或电视剧，开始喜欢韩国明星。

第二阶段：购买影视剧、音乐等韩国产品。

第三阶段：开始选购家电、生活用品等韩国产品。

第四阶段：变得喜欢韩国，想去韩国旅游。

大约在 2004 年，韩国类似《冬季恋歌》、《大长今》一类的电视剧和电影在中国、日本等地开始流行，形成一股“韩流风潮”，主要以四、五十岁的女性为主要受众；其后，“东方神起”、“KARA”等韩国流行歌手以及在线游戏开始吸引更为年轻的群体，他们疯狂地崇拜偶像，沉迷游戏，逐渐演变为另一股新韩流风潮。

目前，韩流的四大阶段已全面席卷中国。据统计，2012 年，中国赴韩国游客人数已经超过 260 万人次。2013 年，赴韩国旅游的中国游客人数首次超过日本。而这些游客前往韩国除了旅游观光之外，同时还带动了韩国的消费与购物。韩国的文化输出成功地使中国人在国内消费韩国产品的同时，更进一步地被吸引到韩国本土消费，这就是韩国文化输出的商业化成功所在。

表 2-2 韩流营销的四个阶段

	韩流营销的四个阶段	日本的韩流风潮	
		时间	内 容
第一阶段	接触到韩国音乐或影视作品，开始喜欢韩国明星	2000 年	韩国电影《鱼》大卖（注：1999 年于台湾、韩国上映；2000 年于日本上映。以南北韩政治情势为主要背景）
			女歌手宝儿（BOA）、男子热舞团体 H.O.T 引发年轻人对韩国流行文化的喜爱
			韩国料理（烧肉、烤内脏）普及
第二阶段	购买 DVD 等产品销售	2004 年	韩剧《冬季恋歌》大红，掀起“裴勇俊热潮”
			韩剧《大长今》大红
第三阶段	开始选购家电、生活用品等韩国产品	2008 年	男子偶像团体“东方神起”走红
		2010 年	“KARA”、“少女时代”引爆韩国流行乐的一大浪潮
			形成“新韩流风潮”
			三星电子的 GALAXY 系列手机、LG 电子 L 系列手机热卖
第四阶段	变得喜欢韩国	——	——

3 韩国企业的国际战略与视角

韩国企业在拓展海外市场的策略方面，也有自己的独到之处。

（一）“本地化”设计抢滩海外市场

日本企业一直遵循“日本化”策略，直接将日本模式输出到国外；而韩国企业则是顺应当地需求，不断调整韩国模式，走的是“本地化”策略。

在新兴国家（如“金砖五国”）中，消费者多选购外型漂亮、视觉冲击力强，且价格相对较低的产品。韩国企业常常会针对当地情况，开发出完全满足消费者需求的产品，并且以适中的价格获得市场。韩国企业在攻占新兴国家市场时，在“设计”方面下足了功夫，不仅是产品的工业设计，还包括色彩设计、视觉设计、广告设计、包装设计等方面，收效甚佳。若以一句话描述日、中、韩三国企业的长处，可以说**日本企业长于技术，中国企业长于成本，韩国企业则长于设计。**

日本的消费者或许不会觉得“韩国企业长于设计”，但在新兴国家市场的消费者对这一点的接受度还是很高的。例如，在设计方面，韩国产品并不像日本产品那样讲究典雅，而是喜欢用一些花哨抢眼的颜色，也不强调多功能或高智能性，反而只锁定在简单的功能上。

三星财团对设计的重视，正如该集团李健熙董事长所说：“设计才能展现出企业的哲学与文化，它是一个企业是否优越的关键。”

三星集团共有 600 多位设计师，设计室分别设于首尔、洛杉矶、旧金山、伦敦、米兰、上海、东京。作为 IT 电子企业，能够如此注重设计，可以说在全球是屈指可数的。该集团获颁美国 IDEA 设计奖（注：1980 年成立，由美国工业设计师协会 IDSA 举办，举世公认的最重要的国际设计竞赛之一）的次数已经超过了索尼与苹果公司。

除了在全球各地成立自己的设计研究所，LG 财团还和美国、意大利等五国的设计研究所合作；同时，还有分散于世界各地的 200 多位营销经理人搜集当地需求，再反映到设计中心进行产品设计。

现代汽车财团则是在副董事长郑义宣重视设计的经营理念下，让起亚汽车扭亏为盈。现代汽车也一直保持着这种精神，其开发的汽车在设计方面也受到了全球用户的高度评价。

图 2–2 现代汽车的设计

（二）“区域专家制度”扎根当地文化与习俗

除产品开发和销售之外，韩国企业一直在推动经营与人才方面的本地化。

三星电子自 1990 年起导入了**区域专家制度**，将 3800 名有发展潜力的年轻员工外派到世界各地一年时间，在当地扎根。通过这种方式，让员工吸收当地的文化与习惯，成为三星在该国的专家，继而为财团的海外收购行动开疆辟土。

表 2-3　各财团的主要海外据点

区域	企业			
日本	三星	现代汽车	LG	浦项钢铁
菲律宾	三星		LG	
越南	三星		LG	浦项钢铁
泰国	三星		LG	浦项钢铁
马来西亚	三星		LG	浦项钢铁
新加坡	三星		LG	
印度尼西亚	三星		LG	浦项钢铁
缅甸	三星			浦项钢铁
加拿大	三星	现代汽车	LG	浦项钢铁
美国	三星	现代汽车	LG	浦项钢铁
墨西哥	三星	现代汽车	LG	浦项钢铁
巴拿马	三星		LG	
委内瑞拉	三星			
哥伦比亚	三星		LG	
秘鲁	三星		LG	
巴西	三星		LG	浦项钢铁

表 2–3 各财团的主要海外据点 （续表）

区 域	企 业			
智利	三星		LG	
阿根廷	三星		LG	
澳大利亚	三星	现代汽车	LG	浦项钢铁
新西兰		现代汽车		
新喀里多尼亚				浦项钢铁
葡萄牙	三星		LG	
西班牙	三星	现代汽车	LG	
爱尔兰	三星			
英国	三星			
法国	三星	现代汽车	LG	
挪威	三星	现代汽车		
瑞典	三星	现代汽车	LG	
意大利	三星	现代汽车	LG	
希腊	三星	现代汽车		
乌克兰	三星	现代汽车		
土耳其	三星	现代汽车	LG	
伊朗	三星			
哈萨克斯坦			LG	
乌兹别克斯坦	三星			
巴基斯坦	三星			
孟加拉	三星			
印度	三星	现代汽车	LG	浦项钢铁
俄罗斯	三星	现代汽车	LG	
蒙古	三星			
中国	三星	现代汽车	LG	浦项钢铁

在新兴国家，韩国财团的收购之路走得很顺畅。旗下有最大电线制造商的LG财团，成功地收购了中国的红旗电气，将其整合到集团之中。在收购之后，原企业干部没有一人辞职。收购成功的关键在于：举办融合双方文化的LG家庭活动，把原本在两国各自发行的公司内刊物整合为一份，以及总公司经营高层积极学习中文等。

不过，目前“本地化”政策并非一帆风顺，有些问题仍亟待解决。

四大财团越是成为活跃的全球企业，所收购的海外企业就越多。只是在所收购的企业中，新兴国家的部分都经营得很顺利，发达国家的部分反而比较棘手。

几年前曾有某韩国企业收购了发达国家的企业，结果问题层出不穷，不是被收购方的企业干部因为自尊心受到伤害而辞去工作，就是员工变得没有什么干劲。

（三）差异定价策略，积累海外投资资本

日韩企业除了设计、人才、市场选择等方面的侧重不尽相同之外，他们的投资策略也大相径庭。日本企业是“**把在海外赚到的钱重新投资回日本国内**”，韩国企业则是“**把在国内赚到的钱拿到海外投资**”。韩国之所以积极地投资海外，与其国内市场规模小有很大关系。

韩国国内市场规模之小，从其人口数量就可以看得出来。韩国的人口约是5008万人（2010年1月），只有日本的40%左右。国内市场限制了韩国企业的发展，所以必须在海外市场谋出路。于是，韩国企业纷纷将国内赚到的资金投向海外。具体来说，韩国企业的

产品通常在韩国本土的定价会比海外市场高，即在国内以高于海外的价格销售，以此积累海外投资的资金。

例如，现代汽车的海外产品中，安全气囊（一辆车平均 4~6 个）都是标准配备，但在韩国国内，这却是要价不菲的选购项目。该公司之所以能够这样做，是因为其压倒性的影响力所造就的行业地位而拥有的定价权。相对而言，日本企业在国内市场往往面临着非常激烈的竞争，只有将海外赚取的资金投入国内市场，才能够使其获得竞争的主动权。而韩国企业在新兴国家发展事业时能够占上风，其原因可能也与其投资策略有关。

（四）FTA 助推韩国企业国际化

韩国企业之所以能够席卷全球，还在于其背后存在着一股强大的支持力量，即韩国政府的 FTA(自由贸易协定) 策略。韩国政府从 2003 年起就开始积极筹备签署该协议。**目前，韩国签署 FTA 的生效对象已达 46 国，包括美国、欧盟、印度、东南亚国协、秘鲁**等。此外，韩国也和中国形成共识开始洽谈 FTA 事宜。

所谓 FTA，是指两国或多国间具有法律约束力的契约，目的在于促进经济一体化，其目标之一是消除贸易壁垒，允许产品与服务在国家间自由流动。如果促进了自由贸易，就可以借此来形成规模经济或是扩大协议国之间的相互投资效果。

在韩国的各产业当中，汽车产业因为 FTA 而获益最大。2004 年，韩国与智利的 FTA 最早生效，现代汽车因此在智利攻下最高市场占有率(2009 年 5 月的当月销售辆数)，排名依次是现代汽车第 1 名(占

27.9%）、通用汽车第2名（占15.7%）、日产汽车第3名（占8.4%）。

2011年7月，韩国与欧盟的FTA生效。生效后即刻废除的关税项目，韩国有9195种，欧盟则有9252种。正如欧盟执委会主席巴洛索所说："韩国非常快速地达成了我们所提出的各种条件，完成了谈判。"而这一切与李明博政府的大力支持有很大关系。

可以预见，**在出口到欧洲的汽车与家电等产品中，韩国将占有优势。**

欧盟的GDP是16万2822亿美元(2010年)，约占全球GDP（共63万亿美元）的26%，是超越美国的全球最大经济共同体。对韩国而言，欧盟也是仅次于中国的贸易伙伴。因此，韩国-欧盟间的FTA所带来的经济效益，会比韩美FTA等其他FTA更大。据韩国政府相关的专家预估，未来十年，韩国的GDP有望因为韩国-欧盟间的FTA，每年增加0.56%。

而在与欧盟间的FTA中，受益最大的韩国产业仍是汽车产业，估计每年出口额平均增长14亿1000万美元之多。然而此举对于现代汽车的影响不是很大，因为它在韩国国内生产之后再出口的产品只占6.6%，小型车几乎都在欧洲当地生产。不过，同属该财团的起亚汽车，原本在韩国国内生产之后再出口到欧盟的比例高达42%，在FTA生效后，可预见起亚汽车对欧盟的出口将会扩大。至于通用大宇汽车，由于在欧盟销售的美国通用汽车旗下品牌雪佛兰逾九成是由韩国的通用大宇生产的，所以也备受期待。此外，大半出口依赖欧盟的雷诺三星汽车也有望搭上顺风车。

表 2–4 韩国 – 欧盟 FTA 生效后，去除关税的产品种类

	韩国	日本
即时	9195种 汽车零组件、彩色电视、冰箱、船只等	9252种 空调、锂电池、真空吸尘器等
3年内	625种 中大型乘用车、医药、化妆品	282种 轮胎、影印机等
5年内	718种 小型乘用车、润滑油等	269种 彩色电视、小型乘用车等
7年内	111种 合板、印刷机械等	——
10年内	399种 猪肉、高丽菜、红葡萄等	——
第 10年起	169种 松茸、西瓜、鸡肉、牛肉等	——
总计	11217种	9803种

除汽车产业，韩国汽车零件制造商的出口竞争力也将随之提升。由于汽车引擎等诸多零件的关税将被废除，可以预见 BMW、奔驰等欧洲汽车制造商也会增加对韩国制造的零部件的采购量。

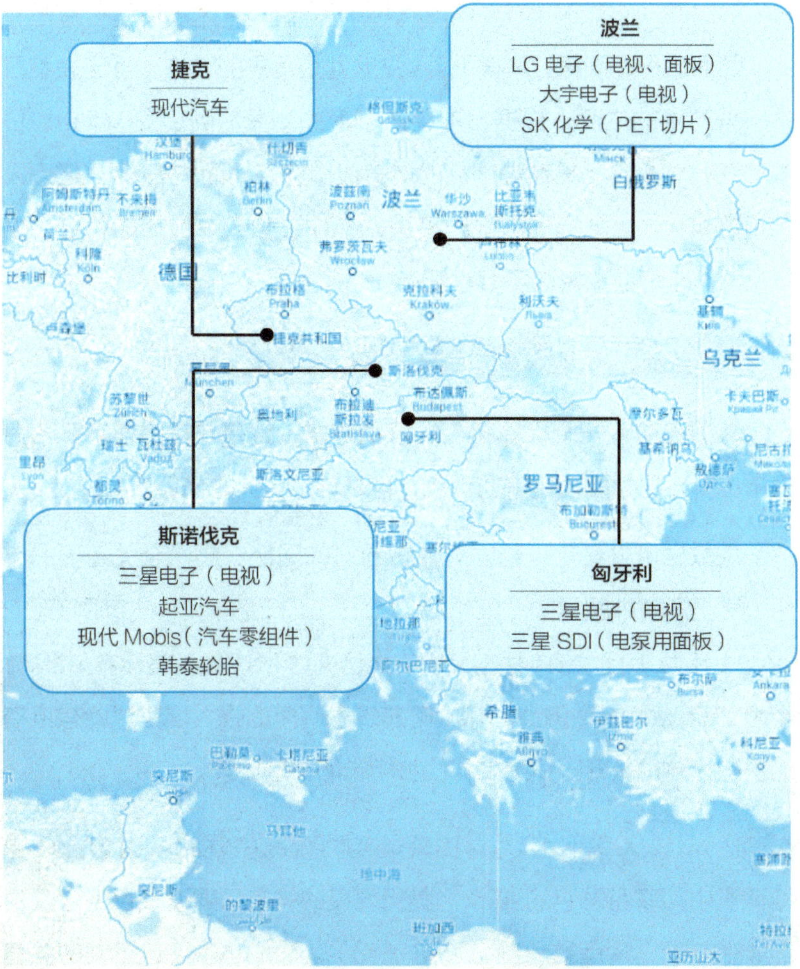

图 2–3　在东欧设有生产据点的韩国企业

同时，2012 年 3 月 15 日生效的韩美 FTA 对韩国经济拉动力很强。根据韩国 11 个政党团体的专家分析，韩国对美国的出口额每年将增加 14 亿美元，长期而言韩国 GDP 预计将增长 6%。2009 年，韩国对美国的汽车与家电等产品出口额占全国出口总额的 10%，其影响力可见一斑。

然而对日本而言，韩美 FTA 生效则是沉重的一击，甚至关乎日本一些产业的生死。根据日本经济学家的测算，到 2020 年止，日本的汽车、家电、机械等产品的对美出口将因此而失去 840 亿元人民币的机会，相关的国内生产将失去 207.2 亿元人民币的机会，尤其是对汽车产业的影响不容小视。

（五）总统助力企业，拓展海外市场

韩国经济有一个极具特色的营销方式，就是“官民连手开拓海外市场”。这是韩国经济的特色，也是韩国企业的强项。

从数据可以看出，韩国对外贸易对韩国经济起着至关重要的作用。韩国的对外贸易额（2011 年为 1 万 796 亿美元）占韩国 GDP（2011 年为 1 万 1164 亿美元）的比例高达 96.7%，是日本（2011 年为 28.5%）的 3 倍多。韩国前总统李明博的强力推销对此有直接的影响，这也是韩国贸易主导经济增长的关键因素。

例如，2009 年 12 月，由韩国电力公社率领的韩国企业联盟抢下了由阿联酋发包的 400 亿美元规模的核电厂建设项目（建设费 204 亿美元，营运维护费 200 亿美元）。而成功拿下该工程的关键因素之一，就在于李明博亲自致电给握有标案决定权的总理穆罕默德王子，而且先后一共 6 次之多。其他竞标的国家也推出了许多强力的推销策略。例如，日本当时的推销重点是全球安全性第一的核电技术，法国承诺帮忙修建美术馆，俄罗斯则答应出口潜艇。而韩国的厂商提出了很多更加诱人的条件，如比其他竞争国家便宜四成的价格、提早完工、60 年营运保证、核电相关人才的培育、铀的稳定供应、代为处理核废料等。此外，韩国企业还向对方提出了经济与军事等核电以外的协助，这些提案都超过了阿联酋所开出的条件。而提出的这些提案，如果没有李明博总统的支持是无法实现的。

图 2-4　韩国对外直接投资的演变

4 韩国企业的领导模式和人才管理

金大中政府决定性地影响了韩国在国际上的发展和地位。同样，企业的领导模式也决定着公司的前景与方向。

相比于日本大企业高层的人员通常 4~6 年就更换，韩国企业高层的更换速度要慢得多。在韩国企业，同一人担任高层掌权往往长达数十年，属于企业主兼经理人的领导型态。

这也造成了韩日领导模式的不同。日本企业高层由于更换频繁，所以很难采取迅速及冒险的经营方式。日本企业高层所需具备的首要品质就是平稳发展及回避风险的能力；相对而言，韩国企业高层由于执掌多年，自然可以由上而下，迅速采取行动，勇于冒险进取。

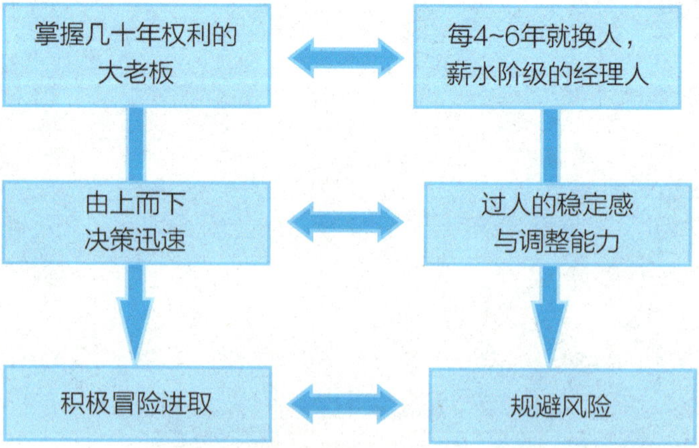

图 2-5 日本与韩国经营者的比较

（一）精英培育，以成绩论英雄

中国、日本与韩国的企业在人才管理策略上存在较大的差异，这只要从三国对足球运动及赛事的运作情况便可见一斑。

很久以来，日本的足球人才都是由从初中到大学的足球社来培养的，直到日本足球联盟成立，才在职业足球队下设置了青少年梯队，着力于培养有潜力的运动员。然而，韩国足球社活动并不像日本那样火热，通常都是由少数的精英选手进入体校再逐步培养。至于中国，是既有专业体校，又有专业球队俱乐部，还有强大的足球协会，结果却并不很理想。

韩国虽然人口只有 5000 万，却能在世界足球赛事中有不错的表现，原因之一就是韩国针对受大众欢迎，并且能对韩国企业品牌与产品带来传播影响的运动项目，培养专业的高等人才。类似的，韩国的产业界也是这样的结构——挑选精英，再将他们培养发展到全球顶尖水平。

（二）以绩效为导向，不胜任就淘汰

韩国企业对员工彻底施以精英教育。这些员工经历了严峻的军旅生涯，以及惨烈的学历与求职竞争后，又进入了一切以绩效为导向的公司。只要绩效好，就有高额回报；相对的，如果失败也可能遭到辞退。在这种环境下工作的员工，达成目标与绩效的责任感都会变得比较强。韩国企业的另一个特征是，员工工作到 55 岁就形同实质退休了，这样的制度也为韩国企业节省了一部分人事费用。

相对而言，日本企业比较注重团队意识，其培育技术熟练人才的组织能力很强，出现问题也会集体追究责任。同时，日本员工更倾向于延后退休。虽然日本的终身雇用制已经瓦解，但实质上，现在还是有许多人在近似于终身雇用的状态下工作。而韩国企业员工的职业生涯寿命就没那么长了，绩效超出目标、创造出利润时固然有特别奖金可领，但一旦在公司内部的竞争中落败，还是会不可避免地走上被裁员的道路。

例如，在三星电子内部，员工假如在45~49岁之间都还没有升到类似于部长一类的职位，接下来的职业生涯就岌岌可危了。而且，就算升了职，绩效考核也是最为重要的部分，所以，这也激励员工们不分昼夜地拼命工作。三星电子能够有今天的发展成就，也得益于内部严峻的竞争机制。然而，这种竞争也造成了一些反作用力。在2010年就曾发生一件令人痛惜的事件。据报道，三星电子的一位曾是史上最年轻的副总经理从某大楼跳楼自杀。他曾经因为研发方面的成果而获得升迁，但后来不仅未能继续升官，甚至遭到降职处分。去世时，据说他只是生产部门的组长而已。新闻报道的说法是，可能因为被调离研发部门，巨大的压力及心理落差，使其心态开始变得十分消极悲观。

韩国企业		日本企业
行销导向	经营风格	**制造导向**
本地化（对韩国模式进行修正）	海外策略	日本化（输出日本模式）
把在国内市场赚到的钱拿去海外投资	投资策略	把海外市场赚到的钱拿回国内市场投资
由上而下迅速决策、冒险进取	领导力	出色的稳定发展与回避风险的能力
培育精英人才、一切看绩效（高额报酬或解雇），员工对于达成绩效的责任感很强。55岁之后就形同退休，人事成本相对节省	人事策略	培育技术熟练人才与组织能力很强 出了问题就整个单位集体追究责任，团队合作能力佳。有延后退休的倾向
技术管理（将买到的技术与公司自行开发的技术结合运用）	技术开发	技术创新（结合技术改良）

图 2–6　韩国企业与日本企业的差异

（三）领导者影响企业发展方向

现代汽车财团的董事长郑梦九的座右铭是：品生品死（是死是活全看品质）。

郑梦九在产品研发上不惜血本，投入了巨额资金。他把 1980 年代因为国内销售状况良好及汇率差等因素而获得的巨额利润大胆投入到研发上，即使到了2000年以后，研发费用也占总营业收入的4%。如此巨大的资金投入，使得现代汽车的品质有了显著的提高，近年来更是在工业设计上投入巨资，旗下的现代、起亚所推出的新车也得到了消费者的喜爱。

三星财团的董事长李健熙也以强势的领导风格闻名。

2010年，丰田汽车发生召回风波（注：2010年丰田汽车在全球频发汽车质量问题，全球召回数百万辆汽车，总召回数量甚至超过了前一年的总销量），这让李健熙产生强烈的危机感。于是，他向员工传达出“此刻我们也面临真正的危机”的信息。这是他以前所未有的强烈语气来强调危机的来临，外界称之为“二次危机论”。

在李健熙提出“二次危机论”后不到两个月的时间，他就对外表示要在2020年之前投资1288亿元人民币在新环境及医疗等五大新成长事业上；紧接着又宣布要投资史上最大规模的1456亿元人民币在半导体与液晶显示事业上。

在全球科技业界面临所谓的苹果震撼时，三星迅速开始投入智能手机和平板电脑的开发，比任何制造商都更快速地作出反应。

李健熙就这样凭借着冒险进取的精神，作出了许多果敢的决定。在提出“二次危机论”之后不到一年的时间里，他就一口气实施了史上最大规模的投资，成功提升了业绩。

三星电子在2010年的业绩（合并报表）方面，营业收入较2009年增长13.4%，达9165.91亿元人民币；营业利润较2009

年增长 58.3%，达 1025.47 亿元人民币，二者都创下有史以来最高纪录。这也是三星电子年营业收入首度突破 8400 亿元人民币、营业利润首度突破 840 亿元人民币的一年。

同时，三星财团还积极进入生物技术制药产业。2011 年 2 月，三星与全球知名医疗企业美商昆泰在韩国仁川市组建 16.8 亿元人民币规模的合资公司。预计到 2020 年之前，要投资 117.6 亿元人民币。

以上所有决策，都需要企业领导者拥有绝对的领导力和魄力才能够做出；能够成功实施也源于企业领导者身兼企业主与经理人，拥有承担巨大风险的能力。

第三章

三星财团——影响韩国经济的最大财团

PART 3

三星财团

总营业收入：	11,261.6 亿元人民币
当期净利：	1,335.6 亿元人民币
总资产：	10,139.92 亿元人民币
关系企业：	75 家
海外当地法人：	446 家
员工总人数：	221726 人
董事长：	李健熙

（2012 年）

电子相关

★ 三星电子
★ 三星显示
★ 三星 SDI
★ 三星 SDS
★ 三星电机
★ 三星网络
★ 三星康宁精密玻璃
★ 三星航空

金融·保险相关

★ 三星生命保险
★ 三星火灾海上保险
★ 三星信用卡
★ 三星证券
★ 三星投资信托管理
★ 三星风险投资

重化工相关

★ 三星重工业
★ 三星 Techwim
★ 三星道达尔
★ 三星石油化学
★ 三星精密化学
★ 三星 BP 化学

贸易·服务·其他

★ 三星第一毛织
★ 第一广告
★ 新罗酒店
★ 三星爱宝乐园
★ 三星首尔医院
★ 三星狮
★ 三星经济研究所
★ 湖岩财团
★ 三星 S1 公司
★ 三星文化基金会
★ 三星人寿大众福利基金会

图 3–1 快速搞懂三星财团

三星财团是韩国总资产排名第一的企业集团，同时也是一家大型跨国企业集团。三星集团现包括众多的国际下属企业，旗下子公司除三星电子外，还包括三星物产、三星生命、三星航空、三星人寿保险等，业务涉及电子、金融、机械、化学等众多领域。三星财团以主力企业三星电子为中心，建立起全球最大的综合家电及电子制造商的稳固地位。

自 2006 年开始，三星财团的营业收入、营业利润与净利润全都超越了日本电子厂商，成为电子产业的龙头企业。2012 年，三星财团总的营业收入为 11261.6 亿元人民币，当期净利润 335.6 亿元人民币，总资产为 10139.92 亿元人民币。

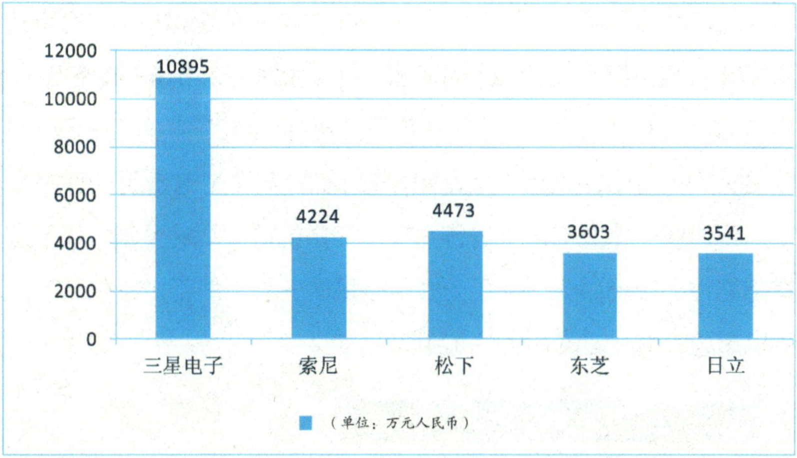

图 3-2　三星电子与日本电子厂商的营业收入比较

1 三星集团——韩国第一企业集团

三星财团于 1938 年在韩国大邱市成立，创办人是李秉哲。

创立之初，三星财团主要出口朝鲜南半岛的鱼干、蔬菜和水果；1950 年，逐步扩展为制糖、制药、纺织等制造业，并确立为家族制企业；1963 年，创办三星人寿、新世界百货公司、中央日报；1969 年，成立三星电子；1974 年，成立三星石油化学、三星重工业；1977 年，成立三星建设、造船、半导体通信等公司，渐渐形成财团。

现在的三星，已经有近 20 种产品的世界市场占有率居全球企业之首，在国际市场上彰显出雄厚实力。除了在超薄电视、大型液晶面板、半导体 DRAM 等领域全球市场占有率第一外，据韩联社的报道，市场咨询公司 Strategy Analytics 于 2013 年 1 月 30 日公布的预测结果显示：2013 年，**三星智能手机的全球市场占有率达 37.7%，为苹果（18.7%）的两倍，首度成为全球市场占有率第一**。同时因企业发展的战略需求，近期三星更是以 400 万美元投资无线电企业 PowerbyProxi。PowerbyProxi 的无线充电系统允许多台设备同时在一个充电器上进行充电。三星的这一战略投资，显示了其前瞻性的市场眼光。涉足无线电领域的三星，能否持续保持智能手机市场的第一位置，我们拭目以待。

（一）三星财团何以席卷全球

三星财团之所以能迅速成长为席卷全球市场的庞大企业集团，

主要有以下几方面原因：

（1）选择与集中于半导体、通信、液晶事业。

（2）领导者的高度领导力与大胆而迅速的经营决策、判断。

（3）彻底研究日本的经营方式与技术，并加以改良。

（4）善于将产品设计与本土化融合，设计消费者。

（5）积极投资于优秀人才的培养和技术研发。

（6）提升成本竞争力及产品差异化。

（二）对决日本，三星腾飞

在三星成功的诸多因素当中，尤其值得我们关注的是三星财团对日本企业经营方式与技术的研究和改良。过去，韩国企业的目标是“追上与超越日本企业及美国企业”。同其他企业一样，三星财团也以索尼公司为努力的方向，慢慢找到了出路。该公司一位经营干部就曾经讲过：“我们从日本那里学到了很多”。同时，三星也不惜模仿日本的产品，甚至为了能够模仿得更好，他们还从索尼等日本电子制造商那里挖来大量的人才。

早在 1953 年，三星财团便开始进军日本市场。当时，三星在日本开设了该集团的第一个海外据点——三星物产东京分店。1998 年，在三星电子与三星物产共同出资下，成立了日本三星公司。在那之后，三星就开始正式在日本推出洗衣机、冰箱等白色家电。而到了 2000 年左右，在判断收益不如预期之后，三星公司毅然决定不再继续在日本销售白色家电，2007 年又被迫停售超薄电视与影音产品。其失败的原因在于采取了高价策略。三星的液晶电视功能与日本产品不相上下，价格却比较贵，虽然后来设立了直销网站“三星直购”，以低价策略销售，却没能力挽狂澜、获得成功。

直到 2010 年，三星才在日本打出品牌影响力。那时，他们通过日本电信公司 NTT DoCoMo 发售了搭载 Google 开发的安卓操作系统的智能型手机“GALAXY-S”，极为畅销；2011 年推出的“GALAXY SII”手机凭借，炫丽的画面与友好的操作界面，也受到了日本年轻人的追捧。2012 年，三星趁势宣布准备重新进入日本的电视市场，并发布了目前主流的 OLED（有机发光二极管）电视。

2 聚焦半导体事业，做强做大

在激烈的半导体产业竞争环境中，三星电子的半导体事业可谓独步全球、独领风骚。

三星在 2013 年 1~3 月的第一季业绩报表（合并报表）中，营业收入较 2012 年同期增长 16.8%，增长 93.8 亿元人民币，营业净利润较 2012 年同期增长 41.6%，增长 117.6 亿元人民币。

三星电子手机部门第一季度创下 336 亿元人民币的营业利润，这个产业继续带动三星 2013 年的业绩增长。面对国际经济大环境的影响，加上半导体业界的竞争日趋白热化，如果再考虑到第一季往往是销售淡季，可以说三星电子所取得的成绩是非常好。

之所以能够取得如此优异的业绩，主要有两方面的原因：美国微软公司的操作系统软件的更新与发售，使得计算机的需求不断增加；同时，全球的智能型手机热潮使得快闪记忆存储卡的需求也在增加，连带半导体价格也提高了。

（一）强化研发打造绝对优势

韩国企业的一个主要优势，便是在做好选择之后，果敢地投资于研发。三星财团自然也不例外。例如，三星财团就很重视对于半导体、通信、液晶等事业领域的“选择与专注”。

三星每年研发投资金额达 90 亿美元，研发中心共有 16 处，研发人才有 4 万人。特别值得一提的是，三星财团在美国所拥有的专利数共 2453 件，仅次于 IBM，超过了微软等知名企业。

2010 年，为了进一步拉大与第二集团间的差距，三星财团一口气投资史上最大笔的 212 亿美元在研发与设备上。在三星财团作出如此果断投资的两年以后，一直在 DRAM 半导体市场中占有率排第三的日本尔必达内存公司于 2012 年被迫申请日本《公司更生法》的保护，宣告破产。

（二）三星半导体的机遇与挑战

目前，三星电子在半导体市场的发展正如日中天，它在 DRAM 半导体市场占有率第一，全球半导体市场占有率第二。尽管如此，对三星电子来说，仍存在着两大不安定因素。

其一，**三星电子的事业领域在全球半导体市场并非主流**。

在全球半导体市场中，非内存半导体（主要用于汽车、手机中的半导体）占 75%，内存半导体（主要用于个人计算机中的半导体）只占 25%。三星电子擅长的是仅占半导体市场份额四分之一的内存半导体技术，而根据相关情报显示，三星的非内存半导体技术落后美国十多年。

其二，三星电子生产半导体所需的基础设备及原材料都极度依赖国外，其半导体制造设备的八成及半导体材料的六成都依赖日本或美国的进口。

三星电子要想在全球半导体市场上称霸，就必须解决这两个问题。因为半导体市场的最终竞争，还是要和擅长非内存半导体研发制造的美国英特尔公司正面较量。所以，三星电子必须投入更多资金与人员在研发等工作上。

不过在 2011 年，三星电子可说是看到了一次转机。

当年发售的苹果 iPhone 4 手机，采用了三星电子的非内存半导体 A4 处理器。iPhone 4 预计有 4000 万台的销售量，对三星电子来说，这是一笔很大的订单。苹果公司随后推出的 iPhone 4S 与 iPad 2，也采用了三星电子的 A5 处理器。然而到了 2012 年，苹果公司拒绝与三星电子继续合作，并将生产 A7 处理器的订单交给了 TSMC（中国台湾半导体制造公司），这一决定也给三星的半导体事业带来了一定的打击。

为了应对这一情况，三星电子必须更加积极地寻求新的合作伙伴，加快速度提升产品技术性能。只有这样，才能在未来的半导体市场上持续领先。

表 3-1　全球半导体企业排名（2012 年）

排名	公司名	国名	营收（百万美元）	增长率（同比）	市场占有率
1	Intel	美国	47,543	-2%	15.70%
2	Samsung Electronics	韩国	30,474	7%	10.10%
3	Qualcomm	美国	12,976	27%	4.30%
4	Texas Instruments	美国	12,008	-14%	4.00%
5	Toshiba	日本	10,996	-14%	3.60%
6	Renesas Electronics Corporation	日本	9,430	-11%	3.10%
7	SK Hynix	韩国	8,462	-9%	2.80%
8	STMicroelectronics	瑞士	8,453	-13%	2.80%
9	Broadcom	美国	7,840	9%	2.60%
10	Micron Technology	美国	6,955	-6%	2.30%
	其他		41,114	15%	
总计			196,251	1%	

3 硬件技术强大，软件路在何方

韩国在 ICT 领域处于全球领先的地位。ICT 是信息技术与通信技术相融合而形成的一个新的概念和新的技术领域。ICT 一词，虽然常会被误认为和 I T（信息科技）的意思差不多，但如果加上通信的部分，就更加强调“网络化”的概念。换句话说，它不只是系统或技术，而是一种近似于“经营”的概念。

（一）引领 ITC 产业，三星依旧“危机”

根据 2009 年国际电信联盟（ITU）发表的“资讯与通信技术开发指数”，在 154 个国家中，韩国获得第 2 名的评价，仅次于瑞典。韩国的家庭上网比例是全球第 1，超高速无线网络用户数是全球第 2。

虽然是 ICT（信息与通信技术）产业的火车头，三星电子依然怀有深深的危机感，主要原因有以下两方面：

其一，欧洲等先进国家市场中，半导体、液晶显示器、手机、电视等产品已经进入了成熟期；其二，中国等新兴国家也在追赶，并且势头比过去更猛，其中以华为、中信、联想为代表的企业，再加上智能手机、平板电脑、智能电视等新产品，使三星面临中国企业的严峻挑战。也就是说，如果缺乏对未来发展战略的良好规划，不但会危及三星的生存，还会危及整个韩国的 ICT 产业。

（二）三大“不平衡”掣肘韩国 ICT 产业

1990 年代以来，三星电子的半导体事业一直是牵引韩国经济增长的中坚力量，持续高速成长。但从 2005 年至今，成长却逐渐趋缓。虽然液晶显示器、手机与数字电视等产品目前在国际市场上的竞争力很强，但如果一成不变，只按照目前的经营模式走下去，很快就会面临瓶颈。要想尽早走出这样的困境，以三星财团为首的韩国 ICT 产业必须解决最根本的结构问题，也就是以下三种不均衡现象：

（1）硬件与软件的不均衡；

（2）成品与零件、材料、设备的不均衡；

（3）大企业与中小企业的不均衡。

第一，软、硬件间的问题。

三星电子等韩国企业固然擅长研发、生产半导体与显示器等硬件，但是，现在软件的附加值已经远大于硬件。例如，苹果公司通过自身的软件系统所建立的应用平台，就给苹果公司带来了附加的竞争力。同时，未来的计算机与智能市场的竞争并不完全基于硬件，更多的是基于软件系统。遗憾的是，**目前韩国的软件产业中并没有如三星电子般的大企业，也培育不出中小企业或新创企业。**2008 年时，韩国硬件的生产总额为 12187.15 亿元人民币，但软件的生产总额却只有 1446.3 亿元人民币，不到硬件的十分之一。

第二，成品与零件、材料、设备间的问题。

韩国企业固然在手机与电视等硬件市场居于领导地位，但现实的情况是通信芯片及非内存半导体等核心零件主要依赖国外进口，这就意味着，其核心成本缺乏市场定价权，高价的进口使其产品所能获得的利润空间压缩得很小。

第三，大企业与中小企业间的不均衡日益扩大。

目前韩国共有 439 家 ICT 企业在韩国证券交易所上市，其中排名前 20 的营业收入为 1.14 万亿元人民币，占整体营业收入 1.28 万亿元人民币的 89%；这 20 家企业的营业利润为 580.9 亿元人民币，占整体营业利润 618.9 亿元人民币的 94%。

韩国的 ICT 企业中，名列前茅的都是三星、LG、SK 等大企业集团，绝大多数的营业收入与营业利益都来自于他们。反观中小企业，获利能力面临相当严峻的考验。如果企业无法获得利润，就无法投资于研发，甚至连能否生存都是问题。

这三大不均衡的现象，成了韩国这个 ICT 强国的弱点所在。

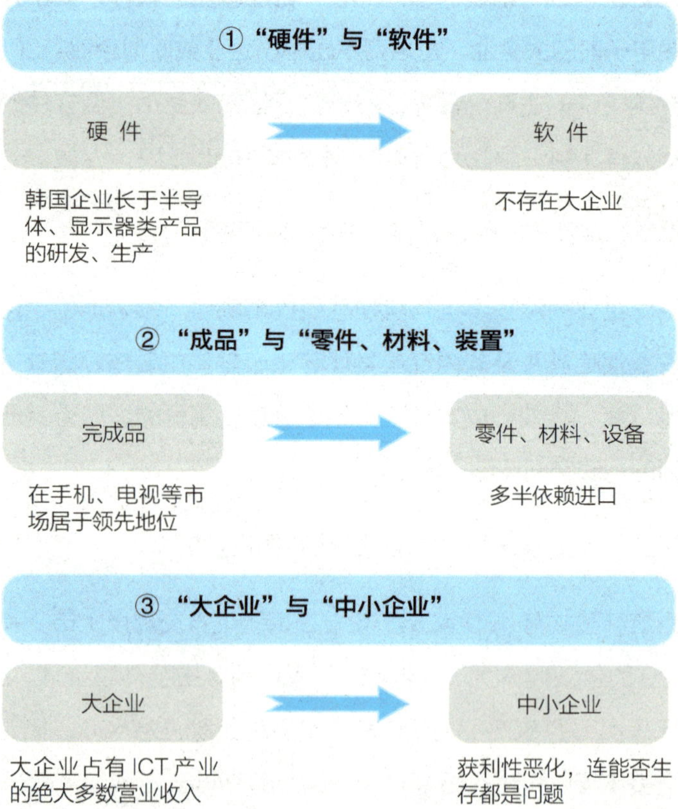

图 3-3 韩国 ICT 产业存在的三大不均衡

4 三星领导人的智慧

企业主兼经理人（即董事长兼 CEO）的优势在于，**高层的想法能够贯彻到基层，比较容易上下一心，成为一股坚定推动经营改革与经营决策的突进力量。**

三星财团的董事长李健熙就是一个敢于大胆创新、推动改革的企业主兼经理人，他有着自己独到的经营哲学。

表 3-2　三星财团的发展过程

时间	变迁
1938	在大邱市创办三星商会，成立贸易公司
1948	成立三星物产、制糖与纺织
1963	成立三星人寿、新世界百货公司，创办《中央日报》
1969	成立三星电子公司
1974	成立三星石油化学、重工业
1977	成立三星建设、造船、半导体通信公司
1987	李健熙就任第二代三星董事长
1988	公司创办 50 周年，提出二度创业宣言
1990	三星电子不断开发新产品
1993	提出三星新经营宣言，断然实施大幅改革
1995	三星汽车实质破产
2000	三星汽车纳入雷诺汽车旗下
2007	李健熙提倡三明治论与危机论
2008	李健熙因非法资金案辞职
2010	李健熙复任董事长，并由长子李在镕担任三星电子总经理
2011	美国《财富》杂志全球 500 大企业评比，三星电子跻身全球第 22 大企业

（一）李健熙的变革思维

1993 年，李健熙曾断然实施名为“新经营”的改革活动，还留下一句名言：“除了太太与孩子之外，全部都要改革”。

2007 年，他又提出“三明治危机论”，强调韩国正处于日本在向前发展、中国正在迅速追赶的形势下，必须控制这样的形势产生的危机。同时，他也谋求改变一直以来实行的追随日本、美国的经营方式。

2010 年李健熙又提出“二次危机论”，并在网络上写了一段激励员工的话：“全球企业已渐渐瓦解，三星不知何时也会变成那样。三星现在的代表性事业或产品，在今后十年内，大部分都会渐渐被市场淘汰，我们没有时间犹豫了。”

从 1998 年至 2010 年，**李健熙曾十度变更经营哲学，真可谓“君子豹变”十次了**（注：“君子豹变”语出《易经》，形容君子迁善去恶的动作和豹一样快）。其实不只是三星财团，现代汽车等其他韩国企业的企业主兼经理人，只要认识到决策存在错误，同样也是知错就改，不断调整和改变经营哲学，并且非常迅速。

（二）李健熙让三星重新站起来

李健熙在提出“二次危机论”之前，曾经于 2008 年因为非法资金问题辞去董事长一职（注：2008 年李健熙被控涉嫌贿赂政治人物与司法人士）。但是在 2010 年，丰田汽车的召回风波使之产生危机感后，他又重新回来执掌公司。在他的带领之下，三星财团在不到一年的时间里重新站了起来。

根据三星电子副董事长崔志成（目前为三星集团企业策略室主

时间	经营哲学	内容
1988年	二度创业	就任董事长时，出于年轻人的霸气与进取的个性，宣告要二次创业。
1993年	新经营	下令“除了太太和孩子之外，全部都要改革”。
1994年	天才经营	强调要培育与确保优秀的人才，因为“一个天才可以养活十万人”。
1998年	变革经营	强调变革的重要性，“唯有真正艰辛的变革才能提升竞争力”。
2003年	分享经营	指出回馈社会的重要性，“全公司应该守护那些没有受到重视的邻居们”。
2005年	设计经营	出于对设计的新认识，力主应该发展高格调的品牌，并且在设计上投入巨资。
2006年	创造经营	强调要站在原点看待所有事物，发挥创造力，从中找出新东西。
2007年	三明治论与危机论	韩国经济夹在日本与中国之间，已经陷入危机之中，预估五年后就会面临危机，因此要集中全集团之力，创造新的成长动力来源。此外，要力求从跳跃追赶式的经营，走向创造式经营。
2010年	二度危机论	再度提出危机论，认为三星、现代的代表性事业和产品，在今后十年，大部分都会被逐渐淘汰。

图 3-4　李健熙经营学的演变

管）的说法，关键因素在于“李健熙回来后，全公司上下都充满了活力。公司里有人当家与没人当家，对于绩效的影响差异很大”。可见一个处于绝对地位的企业主兼经理人的存在，对于韩国企业的影响力是多么巨大。

为何李健熙复职后没多久，就能发挥领导力，并在短时间内增加营业收入呢？关键原因有三点：

其一，李健熙拥有果断勇猛的行动力。正因为有决断力，他的领导才会令人感到很快就有成果，并且会促使整个团队形成极强的执行力。

其二，他的发言够分量，可以让组织产生一种健康的紧张感，而且从他身上散发出来的存在感，让人觉得他早已做好牺牲的准备。如果只是那种会滥用人事权等权力，或是以严苛手段管理员工的经营者，组织就会失去凝聚力，团队就会缺乏安全感，根本不可能获得成功。

其三，他擅长化危机为转机。企业主兼经理人一方面不必担心自己会遭到解雇，另一方面也不怕面对风险，可以说他们“把冒险当成唯一的工作”。韩国财团的领导人都深知有风险才有利润的道理。

（三）领导人交棒，李在镕能否续写历史

目前，韩国企业正处于交棒给第三代的过渡期。

伴随着世代交替发生的速度逐步加快，韩国企业家族式的管理模式存在的问题也开始显露。世袭经营所导致的公司治理不透明，在一定程度上影响与制约着法人治理结构的发展；甚至有人批评，**由创业家族直接交接给后代的世袭方式，会导致公司治理不透明。**权力过度集中有其风险存在，也会限制专业经理人能够发挥的舞台空间。再者，在这种世袭的家族经营下，任何人只要不是同一家族出身，就绝对当不了总经理，这会使得愿意加入公司的优秀人才十分有限。

在这样的状况下，李在镕被公众认为是最有可能接替父亲成为三星集团董事长、继承整个企业事业的人选。他于 2012 年 12 月出任三星集团副会长，目前为集团实际控制人。

那么，未来将带领三星财团的李在镕是个什么样的人物呢？

外界对于他谦和有礼的个性有很高的评价。他谨守祖父李秉哲的教诲：在讲出自己的想法前，先听听对方的说法。李在镕不但对待公司干部与员工如此，对待往来厂商也同样会倾听其想法。而且，李在镕从未传出过什么负面的消息。他很配合三星特有的“重视会议”的企业文化，但凡需要，所有的会议他都会出席，目的在于尽量掌握各部门的经营状况。

但是，若想管理好如此巨大的财团，光是在个性与工作态度上获得好评是远远不够的。

三星前两代领导人为集团奠定了良好的基础，他们的共同点在于：能够顺应经济大环境与时代，发挥强大的领导力与决策力。1938 年创办三星的第一代董事长李秉哲，花了约 50 年时间奠定公司基础；1987 年李健熙接任董事长，之后又花了 25 年，以他天才般的创造力思维，不但守住了公司的基础，还实现了奇迹般的高速成长。

而作为第三任领导人，李在镕若想继续其祖辈父辈的成功，就必须展示其强势的领导力与决策力，提出未来 10~30 年的新愿景、新规划、新战略，创造出更好的成绩。但是，自从 2001 年正式参与公司管理工作以来，李在镕尚未展露出令人眼前一亮的表现，我们只能拭目以待。

第四章

现代汽车——死活全靠品质与工业设计

PART 4

现代汽车财团

总营业收入：	4730.3 亿元人民币
当期净利：	507.4 亿元人民币
总资产：	6806.2 亿元人民币
员工总人数：	74754 人
董事长：	郑梦九

（2012 年）

汽 车

★ 现代汽车
★ 起亚汽车

钢 铁

★ 现代制铁
★ 现代 Hysco
★ BNG Steel

旅游观光

★ Haevichi

技术开关

★ NGV

汽车零件

★ 现代 Mobis
★ Kefico
★ Dymos
★ 现代 Powertech
★ 威亚（Wia）
★ Bontech
★ Wisco
★ 现代 Enercell
★ Eco Plastic
★ IHL 产业

重工业

★ 现代精密机械（Hyundai Rotem）

图 4–1 快速搞懂现代汽车财团

广告代理店

★ Innocean Worldwide

物 流

★ Glovis

资讯科技

★ AutoEver
★ Mozen

体 育

★全北现代 Motors（职业足球）
★起亚虎（职业棒球）
★天安现代资本 Skywalkers（排球）
★蔚山 Mobis Phoebus（篮球）

金 融

★ 现代资本
★ 现代信用卡
★ 现代海上火灾保险

建 设

★ 现代建设

图 4–1　快速搞懂现代汽车财团（续）

现代汽车（现代 · 起亚汽车）在韩国财团中排名第二，也是**全球第五大汽车制造商**。

根据2012年各汽车制造商的全球销售辆数排名，第一名丰田（日本）为975万辆，第二名通用（美国）为929万辆，第三名大众（德国）为907万辆，第四名雷诺－日产（法国）为810万辆，第五名现代（韩国）为712万辆。

1　现代财团的成长与蜕变

现代财团，是1946年由韩国历史上最富传奇色彩的商业巨子郑周永在首尔创办的，一开始做的是汽车修理。1947年成立了现代建设，在20世纪50年代承接美军建筑工程。韩国前总统朴正熙主政时，现代建设还经手过军事基地、水坝、高速公路、核电厂等大规模工程建设。1972 年，现代财团成立韩国第一家造船公司，设立了现代重工业。1973 年现代财团又到中东从事建设工程，成长快速。

现代汽车成立于 1967 年，当时是和美国福特汽车公司合作，引进福特技术组装生产（以进口他国或其他企业生产的产品为主要零件，在本地组装销售）“哥蒂拉”牌小汽车，并于 1970 年建成年产 2.6 万辆生产能力的蔚山厂。1975 年现代汽车推出韩国第一款纯国产车 Pony，并于当年首度将 Pony 出口至厄瓜多尔。

1998 年，现代汽车收购了受到亚洲金融危机影响而破产的起亚汽车。2000 年，当时的现代财团指名由郑周永的五儿子郑梦宪接班，二儿子郑梦九所带领的现代 · 起亚汽车则脱离现代财团。2002 年，六儿子郑梦准带领的现代重工业（造船业）也脱离了现代财团。于是，原来的现代财团一分为四，形成新的财团：

一、现代财团（商船与朝鲜事业）

二、现代汽车（现代 · 起亚汽车）

三、现代重工业（造船业）

四、现代百货公司

（一）现代汽车财团惊艳“变身”

郑梦九领导的现代汽车财团，秉承高度注重质量的经营策略；同时贯彻由上而下的强势领导力，不惜血本地投注庞大的资金在研发与设计方面，成功生产出高质量的汽车。

目前，现代汽车财团共有四十一家集团企业，主要有现代汽车、起亚汽车、现代 Mobis（汽车零件）、现代资本、现代信用卡、现代精密机械（生产火车车厢）、现代制铁等。员工总数多达 74754 人。2012 年的集团总营收为 4730.3 亿元人民币，当期净利为 507.4 亿元人民币。全集团的总资产为 6806.2 亿元人民币。

现代汽车的发展，有着惊艳的表现，是中国国产汽车企业最值得借鉴和学习的榜样。而获得如此巨大成功的关键，在于现代汽车在中国与印度等新兴国家市场的市场占有率得到了快速的增长。2012 年，现代汽车在中国的市场占有率排名第五，在印度市场排名第二。同时，现代汽车集团在欧美市场的发展之路也一直很顺畅。2012 年，现代汽车在美国市场的销售辆数为 70.3 万辆，逼近排名第五的日本本田汽车。

过去，现代汽车只能远远望着以日本为首的几家全球名列前茅的制造商的背影；而急速成长后的现代，已经可以与日本的丰田和本田比肩，并且有赶超欧美汽车巨头的趋势。

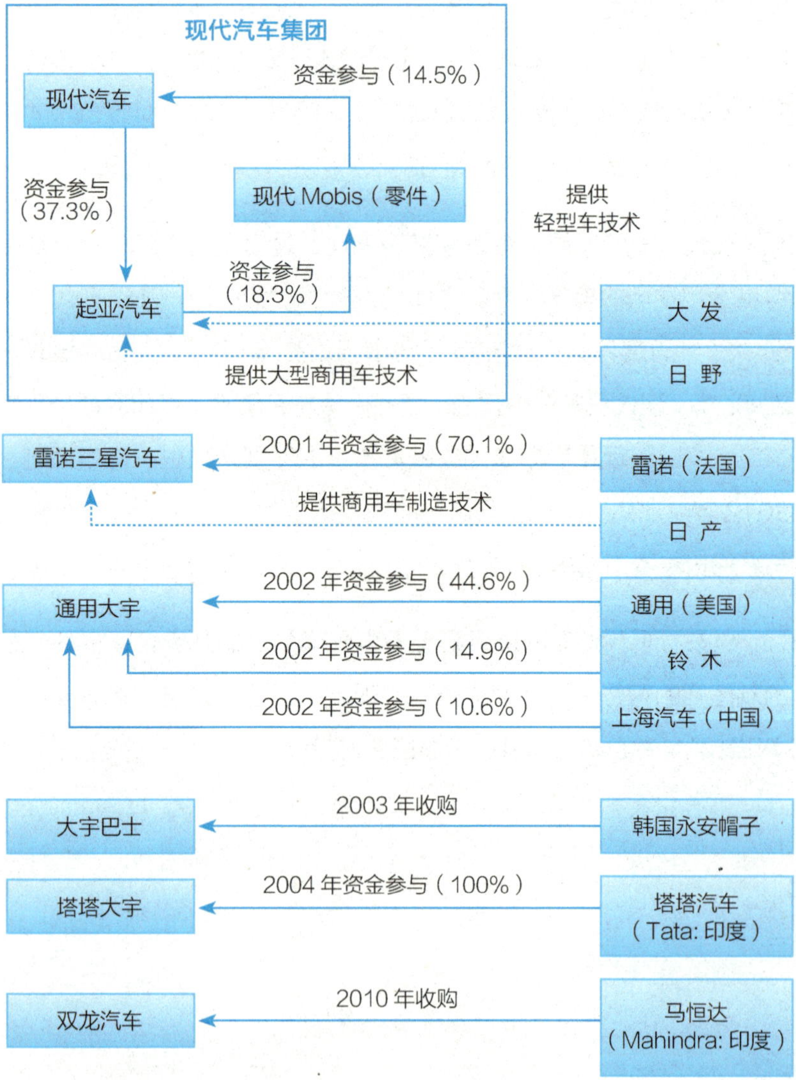

图 4-2 韩国汽车制造商的合作关系

2 现代汽车的“中国”战略

中国，作为急速成长的大国，不仅拥有广阔的市场，市场的消费潜力也在持续放大。为了尽早在中国的市场中抢得先机，韩国企业把中国定位为全球战略根据地，除了信息科技、电子、汽车等主要出口产业，在物流、金融、电力等内需产业方面也开始发力抢占中国市场。

韩国新上任的总统朴槿惠，为了争取中国这个庞大的市场，更是在上任不久就来中国访问。2013 年 6 月 27 日下午，中国国家主席习近平在人民大会堂同韩国总统朴槿惠举行会谈。会谈后，两国元首共同见证了多项双边合作文件的签署，涉及经贸、金融、科技、节能、海洋科学等多个领域。朴槿惠在演讲时用中文表达了与中国的关系：“先做朋友，后做生意”。

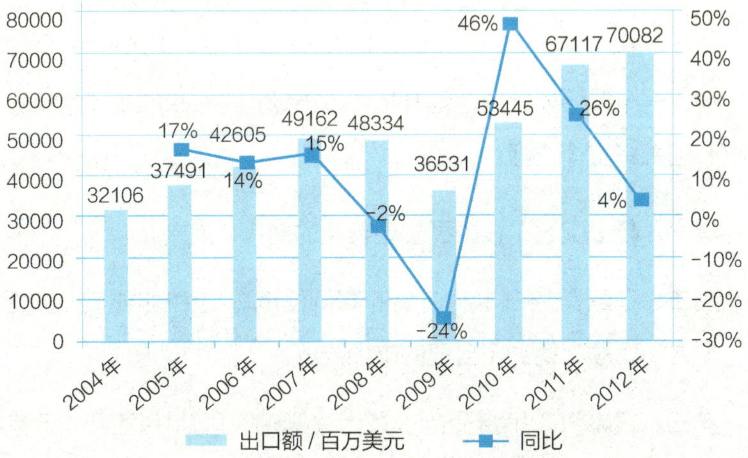

图 4-3 韩国汽车出口额的同比变化

（一）现代汽车强力开拓中国市场

在中国，一直占据着最大市场份额的日本汽车，由于受到多方面因素的影响，近年来销量下滑，这使得现代汽车在中国的市场占有率明显攀升；而为了迎合中国市场的消费需求，现代财团在汽车造型设计上苦下工夫，其推出的新车也在中国市场上获得了消费者的认同。

目前，现代汽车财团将中国定位为其主要的市场，那么，在中国市场占有率排名第四的现代汽车财团（包括起亚汽车）的中国策略到底是怎样的呢?

早在2002年，现代汽车财团就开始在中国设厂并投入生产，在最初的**五年零两个月的时间里，其小型客车生产数累计已突破百万辆，**创下了至今在中国的汽车制造商的最快生产纪录。这样的生产效率，还让现代汽车赢得了“现代速度”(Hyundai Speed)的美誉。

现代汽车能够如此快速地开拓中国市场，并急速扩增销售辆数，其核心因素有三个方面：

其一，赶上了汽车在中国急速普及的现代化浪潮。

其二，在欧美与日本制造商的高价位汽车与中国制造商的低价位汽车之间，顺利找到了自己的市场定位。

其三，日本汽车销量受到多重因素影响，以及中国国产品牌发展乏力，使得现代汽车顺势切入。

2012 年，现代汽车（北京现代汽车）的累计销售辆数较 2011 年同期增长了 6.9%，达到 85.6 万辆，创造了有史以来的最高纪录，而该集团在中国的市场占有率也上升至第五名。

此外，同一财团旗下的起亚汽车（东风悦达起亚）在 2012 年的累计销售辆数较 2011 年同期增长了 11.1%，达到 48.06 万辆。结果就是，现代汽车财团在中国的销售辆数首度超过了韩国国内的销售辆数。

（二）现代汽车财团在中国的新战略

现代汽车财团在中国市场的发展正盛，其在中国的新战略共有三个部分。

其一，把海外生产根据地中心放在中国。这部分的重点在于“兴建第三座工厂”，借以实现“在中国建立百万辆车产能”的计划。第三座工厂已于 2012 年 6 月完工并正式投入生产，北京现代汽车的总产能也随之提升到 100 万辆。目前，北京现代汽车第三工厂的扩产已经在进行中，同时也在探讨和研究建设第四工厂的可能性。

其二，进入全球最大的商用车市场。

中国商用车市场是世界上最大的单一商用车市场，2010 年的市场需求量约为 450 万辆，2015 年市场总需求量将达到 550 万辆，尤其是西部地区的需求正急速增加。

2010 年 10 月，现代汽车与中国四川省最大的商用车企业——四川南骏汽车集团有限公司签署合作协议，双方将在四川省资阳市

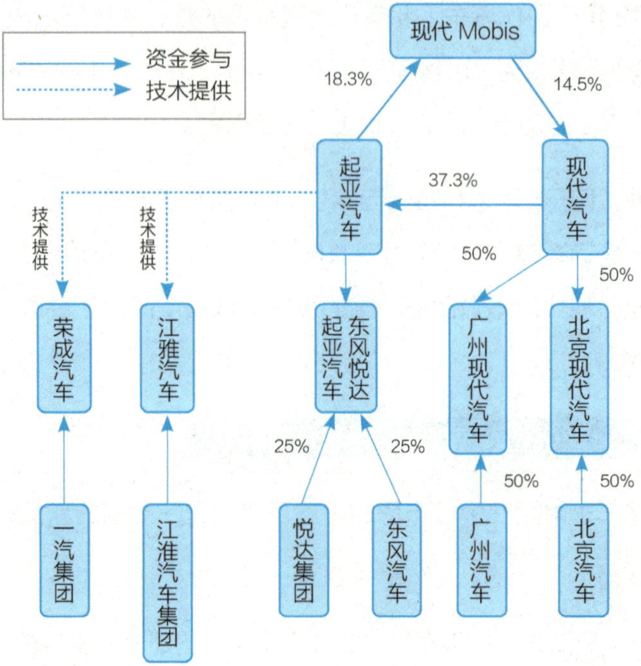

图 4-4 现代汽车进军中国的路径

建立合资工厂。此举表明现代汽车正式进军世界上最大的中国商用车市场。通过建设合资公司，2011 年现代汽车计划在中国商用车市场销售 9 万辆商用车，2015 年预计销售 30 万辆商用车，将在中国商用车市场的占有率提高到 5%。

其三，把中国当成追求“全球前三大汽车制造”的全球战略根据地。

目前，现代汽车在全球销售辆数排名第五，市场占有率为 8.3%。现代汽车的目标是要在 2020 年以前，把全球市场占有率提升到 15%，成为与丰田、福特相抗衡的“全球前三的汽车制造商”。

不过，现代汽车财团董事长郑梦九真正的想法或许在于更高远的目标。假如他是以成为“全球第一”为目标，那么在中国市场的布局就非常关键了。

（三）现代汽车在中国市场的营销策略

对现代汽车财团而言，中国市场已成为第二个母国市场。

现代汽车在中国采取了何种营销策略，使得其在中国的销售状况呈现节节攀升的良好态势呢?

第一个原因：不断推出针对中国的车型。除了推出像“悦动”、“瑞纳”、“索纳塔”等受欢迎的小型车及“ Tucson ix”等休旅车外，还锁定了显著成长中的中国休旅车市场，这是一大成功因素。

第二个原因：高质量与高满意度。在中国质量协会发表的《2010年顾客质量满意度调查》中，现代汽车的“Avante XD”、“Tucson ix”，以及起亚汽车的“Forte”、“Cerato”、“Sportage”五种车款，都获得各自车型类第一名。如此高的满意度也为品牌吸引了大量忠实客户。

第三个原因：加强营销以提升品牌形象。例如，与热门韩剧《我的野蛮女友》的中国版合作，提升企业形象。现代财团还将中国分为三大区域，以利于推动适合各区域的营销策略。

①不断针对中国市场推出本土化的车型

抓住中国休旅车的市场需求。中国休旅车市场需求量在2005年只有8.5万辆，到了2010年已突破95万辆。

②高品质、高满意度

现代与起亚汽车的价格与品质都受到用户的好评，
其外形也有很大的竞争力，导致销售增加。

③加强营销以提升品牌形象

借朴谨惠总统来华访问加强中韩两国民族情感；
借韩国娱乐文化以及与当红连续剧的合作；
努力提升品牌形象与认知度。

图 4–5 现代在中国发展顺利的三大理由

3 现代汽车财团在各国的“本地化”营销

（一）现代汽车在印度的策略

作为继中国之后最大的潜力消费市场，印度广受韩国企业尤其是现代汽车的关注。

现代汽车抢在丰田之前开拓印度市场，并将其定位为全球的生产及出口根据地。自 1996 年在印度清奈（Chennai）设厂以来，现代汽车一直在当地进行长期大胆的投资举措。

近年来，现代汽车在印度推出“i10”、“i20”等低价新车型，结果在2008年超越了印度国产的塔塔汽车（Tata Motors），**市场占有率跃升至印度汽车市场第二位**（第一是印度风神铃木）。2011年上半年（1-6月）共销售18万辆，市场占有率达到了20%。同时，现代汽车也从印度出口小客车到欧洲、非洲、南美洲等地的一百个国家，总计达27万辆。

现代汽车在印度的策略特征是**彻底实现本地化**。它甚至是第一家在印度设置研发中心的外资汽车企业。

在产品开发方面，现代汽车全方位地考虑印度的气候、生活环境及当地人的嗜好，改变汽车的设计，迎合当地人的喜好，这也成为现代汽车的追求。现代汽车考虑当地的气候高温多湿，以及许多地区尚未铺设柏油道路、常有易被水淹的路段等环境特性，增加了引擎的冷却、空调和制动功能，并补强悬吊系统、做好车体的防水等；为了方便印度当地部分使用头巾的顾客，还特地加高了车顶高度；此外，由于印度有许多驾驶人会频繁鸣喇叭，所以还特别增加了喇叭开关。

同时，在管理与人事方面，现代汽车也在印度彻底做到了本地化。

为了将人脉用于营销，也为了协调当地政府的关系，现代汽车在印度聘请了卸任的印度财政部次长来担任当地公司的总经理。

授权也是“现代”在印度成功的关键之一。把权限大胆交给由印度人担任的管理干部，由他们去解决员工管理问题、劳资问题，或是由将消费者需求反映给产品的开发团队。

① 彻底的市场调查

不是贸然进军，而是先进行谨慎的市场分析，将其当作开拓事业的基础。

② 本地化

配合印度市场并小心顺应。例如，在都市就推出针对印度人消费需求的最尖端产品，在农村就供应低价产品。

③ 大规模投资

从长远角度出发在印度进行大规模的投资，借助不懈努力的交涉，在事业的建立初期，便获得印度政府的协助支持。

④ 快速的经营速度及授权

设立全资子公司。由上而下的决策方式，不仅可获得全公司的支持，而且也能在当地迅速实施一些新的做法。执行部分则授权给有能力的印度员工来执行。

⑤ 积极的宣传与广告活动

运用当地的广告公司，积极地进行营销宣传与广告活动。例如，三星电子运用机场供旅客用的无轨电车，LG 电子则赞助世界杯球赛。

⑥ 开拓新市场

投入最新科技，如在家电领域推出微波炉、空调、手机等新产品，在汽车领域推出小型汽车。

⑦ 全球生产根据地化

印度的生产根据地不只是为了印度国内市场才建立的，而是定位为全球生产根据地，并作为口海外的根据地。

⑧ 努力删减成本

大规模生产、增加就地采购、采用本土化合同员工。

图 4–6　韩国企业的印度战略特征

（二）“现代”质量享誉俄罗斯

现代汽车在俄罗斯市场表现优异，知名度很高。在其他汽车制造商正因为需求骤降及最高达 30% 的进口车关税，导致业绩惨淡而奋力挣扎时，现代汽车在俄罗斯汽车市场却依旧畅销。

在俄罗斯，现代汽车推出的“i20”、“i30”、“Genesis”、“Coupe”等车型，通过开展各类营销活动与当地经销商密切合作，在俄罗斯的进口车市场占有率跃居第一。2012 年，该公司的销售辆数为 36.2 万辆（包括起亚）。

2010 年，现代汽车在俄罗斯圣彼得堡的工厂落成。该厂总投资金额为 5 亿美元，占地 60 万平方米，总楼板面积为 3 万平方米。现代汽车希望凭借这座可年产 15 万辆汽车的工厂，稳坐俄罗斯进口车市场的第一名宝座。

在工厂的完工典礼上，当时担任总理的普京（Vladimir Putin，2012 年当选俄罗斯总统）也出席了。他在致词时说：“以生产高质量汽车为使命的现代汽车，在俄罗斯的工厂终于完工了。在当今全球经济危机持续存在的环境中依旧在俄罗斯投资设厂，对俄罗斯来说具有特别的意义。我在此保证，今后我们的联邦政府与州政府，都会不惜提供任何支持，以协助现代汽车取得成功。”据说普金试乘过在当地推出的迷你汽车“Solaris”后，竖起大拇指表示满意，还在引擎盖上签名。

为了适应俄罗斯当地气候严寒、冬季漫长的驾驶环境，在该工厂生产的“ Solaris”车型搭载了在低温下也容易发动引擎的电池，以及防止刮雨器结冰的装置。此外，为了赢得当地人对现代汽车建厂的支持，增加对品牌的好感，现代汽车也大力宣传设厂后对于当地经济所带来的好处——包括 11 家一起进军俄罗斯的外协厂在内，共创造了 5300 个工作机会，而且有七成的工厂设备都在当地采购。

（三）现代汽车在日本苦战

在进入日本市场时，现代汽车经历了一场苦战。为了能够顺利打开日本市场，现代汽车可谓用心良苦，还找来当时热播的韩剧《冬季恋歌》的男主角裴勇俊拍摄广告。但是 2001~2009 年的累计销售辆数却只有 14290，相当于每年平均只卖出 1660 辆而已。

日本汽车具有许多韩国汽车难以匹敌的优势，如精致的车内设备、舒适的车内空间、经销商的高质量服务，以及令人放心的售后服务等。面对各方面发展都很成熟、曾经堪称全球第一的日本车，现代汽车也无力与之抗衡。

（四）现代汽车的美国行

在美国，现代汽车凭借独特的售后服务获得好评，市场占有率也因此呈现稳固的增长。

例如，现代汽车推出了“为期十年、十万英里的长期保固”、“失业时无偿退货”、“汽油价格涨多少都帮你出”等服务。尤其是“失业时无偿退货”的营销策略，虽然其他汽车制造商对此不屑一顾，却大大受到美国消费者的支持。

2009 年雷曼兄弟公司破产风暴发生后，其他汽车公司的销量都急剧下滑，而现代汽车却逆市而上，成功地将在美国原本只有 4% 左右的市场占有率一口气提升到 7%。当时想出这个营销方案的员工也获得了很高的评价，后来甚至还被通用汽车高薪挖走。

4 韩国其他企业在俄罗斯的策略

对于俄罗斯市场，不仅现代汽车集团看中了这块大蛋糕，还有很多其他韩国企业也纷纷进军，并对该市场给予了高度的重视。

LG 财团在莫斯科西郊的鲁札（Ruza）兴建的家电工厂，可生产 400 万台电视机、洗衣机等产品，它也是最早在俄罗斯兴建工厂的韩国家电制造商。该公司如今在电子、空调、吸尘器及影音设备等方面在俄罗斯市场占有率均排第一。

三星电子在莫斯科西南方的卡卢加（Kaluga）兴建的电视工厂，可年产 310 万台电视机。其在手机、电视机、微波炉等方面是俄罗斯市场的占有率第一。

亚洲第一大零食制造商乐天（Lotte）也是韩国十大财团之一，它在莫斯科盖了一座结合百货公司与办公的大楼“乐天 Plaza”，2010 年在莫斯科的巧克力工厂也已完工，目前则正致力于乐天饭店的经营。

表 4–1 韩国企业进军俄罗斯的状况

韩国企业	目前状况
现代汽车	俄罗斯进口车市场占率第一
	2010 年，圣彼得堡工厂完工，可年产 15 万辆汽车
LG 电子	在空调、吸尘器、影音设备等方面市场占有率第一
	在莫斯科西郊的鲁札(Ruza)兴建的家电工厂可生产 400 万台电视、洗衣机等商品，也是韩国家电制造商中最早在俄罗斯兴建工厂的
三星电子	手机、电视、微波炉等方面市场占有率第一
	在莫斯科的西南方卡卢加（Kaluga）兴建的电视工厂，可年产 310 万台电视机
乐天	在莫斯科已兴建结合百货公司与办公大楼的“乐天 Plaza”
	在莫斯科的巧克力工厂已完工，并开设了乐天饭店
现代重工业	在俄罗斯沿海的几个州已拥有占地约 1 万公顷的农场，未来还要扩大到 5 万公顷，并预计每年要生产 6 万吨的玉米与大豆

第五章

SK 财团——哪里赚钱就往哪里渗透发展

PART 5

1 SK 财团的成长之路

2 布局亚洲，建立环太平洋经济控制圈

3 布局中南美市场，掌握资源主动权

4 进军土耳其，SK 与韩国其他企业同行

SK 财团

总营业收入：	6702 亿元人民币
当期净利润：	210.6 亿元人民币
海外营收占比：	74%
总资产：	6438.3 亿元人民币
集团企业：	92 家
员工总数：	52377 人
董事长：崔泰源	

（2012 年）

能源·化学

- ★ SK
- ★ SK 创新（原 SK 能源）
- ★ SK 综合化学
- ★ SK 润滑油
- ★ SKC
- ★ SK 化学
- ★ SK 塑料
- ★ SK 瓦斯
- ★ SK E&S

贸易公司

- ★ SK Networks
- ★ SK Global

建 设

- ★ SK 建设

体 育

- ★ SK 飞龙队（棒球）
- ★ 济州 United FC（足球）
- ★ 首尔 SK Nights(篮球)
- ★ 让步乡村俱乐部

资讯通信

- ★ SK 电信
- ★ SK 宽频
- ★ SK 通信
- ★ SK Telink
- ★ SK Telesys

通信科技

- ★ SK ★ C&C

行 销

- ★ SK Marketing & Complany(SK M&C

金 融

- ★ SK 证券

物 流

- ★ SK 海运

图 5-1 快速搞懂 SK 财团

SK——韩国第三大财团，是由成立于 1953 年的一个小织物工厂——鲜京织物发展而来的，如今它已成长为韩国经济增长的命脉，成为韩国在能源化工与通信服务方面的最大企业集团。在2013 年《财富》杂志的全球 500 强企业排名中，SK 财团位居第 57 位。

1 SK 财团的成长之路

SK 财团成立于 1953 年，当时战争刚刚结束，企业全部家当只有 15 台纺织机。其前身是由朝鲜的"鲜满地毯"和日本的"京都织物"合资成立的公司——"鲜京织物"。

"鲜京"的韩文发音是 Sunkyong，SK 的公司名称就是来自于其中的"S"与"K"。

1944 年，SK 财团的第一代董事长崔钟建进入鲜京织物担任见习技师。1950 年工厂遭到破坏，后来员工们在崔钟建的带领下修复了工厂，又创办了新生的"鲜京织物"，由他担任董事长。在他去世后，他的弟弟崔钟贤就任第二代董事长，提出二度创业的宣言，并宣告"从石油到纤维都做"。

1980 年，在当时韩国政府主导的"国退民进"的政策下，SK 果断买下国营的大韩石油公社，改名"油公"，成为韩国第 5 大集团。这也成为 SK 财团的事业基础。1984 年，SK 财团又成立移动通信部门，开始经营"SK 电信"。

1998 年，崔钟贤的长子崔泰源继任为第三代董事长。2002 年 SK 电信收购“新世纪通信”，并从此坐上了韩国移动通信服务市场的第一把交椅。

2003 年，SK Global（贸易公司）的 1800 亿韩元巨额假账曝光，崔泰源董事长被逮捕。但因为他保证将所有个人资产提供给债权人团体，所以 SK Global 免于破产。

SK 财团中各事业占营收的比例分别是能源 · 化学占 54%；信息通信占 16.1%；物流 · 服务 · 金融占 29.9%。SK 集团共有 52377 名员工，每人平均贡献营收约 1279 万元人民币，在韩国是人均生产力最高的集团。SK 财团的总资产为 6438.3 亿元人民币。

如今 SK 财团的主要业务领域有三个，分别是“能源 · 化学”、“信息通信”、“物流 · 服务 · 金融”。SK 的集团企业共有 92 家，**两大支柱是能源 · 化学的 SK 公司与信息通信的 SK 电信**，在“物流 · 服务 · 金融”事业方面，则有 SK 海运、SK 建设、SK 证券、SK Networks（生产制服等服饰及物流服务）、华克山庄饭店等。

在 SK 财团中，表现尤为突出的是能源领域。SK 财团在石油精炼与销售业务方面，在韩国市场的市场占有率为 38%。除了在基础油市场上（注：指组成润滑油的液态成分，任何一种润滑油的主要成分都是基础油）是全球顶尖业的供应商，在韩国国内也是最大的石油炼制销售商，在韩国拥有最多加油站。此外，财团旗下的 SK 公司所持有的蔚山工厂拥有每年 4200 万吨原油加工能力。就单一炼油厂而言，这已经是全球第二的精炼能力。

表 5-1　SK 财团的发展过程

时间	变　迁
1939 年	朝鲜的“鲜满地毯”与日本的“京都织物”合资成立“鲜京织物”
1943 年	鲜京织物在京畿道水原的工厂落成
1944 年	第一代董事长崔钟建进入鲜京织物担任见习技师
1946 年	水原工厂随着朝鲜战争的结束重新启用，崔钟建担任生产主任
1953 年	崔钟建带领重建“鲜京织物”，就任董事长
1962 年	崔钟建董事长的弟弟崔钟贤担任副总经理
1968 年	成立“鲜京化纤”
1969 年	开始生产聚酯纤维，与日本的帝人公司合作成立“鲜京合纤”
1973 年	崔钟建董事长去世，由弟弟崔钟贤接任，成为第二任董事长
1975 年	崔钟贤董事长宣布二度创业，宣布“**从石油到纤维都做**”
1976 年	重新以“鲜京”为公司名称
1977 年	成立“水原电子”，开始生产铝镀膜
1980 年	收购国营的大韩石油公社，改称“油公”，这成为 SK 财团的事业基础
1984 年	收购 KT 的移动通信部门，开始经营“SK 电信”
1997 年	将公司名称由“鲜京”改为“SK”
1998 年	崔钟贤董事长去世，由长子崔泰源就任为第三代董事长
2002 年	SK 电信收购“新世纪通信”，坐上韩国移动通信服务市场的第一把交椅
2003 年	SK Global 的巨额假账曝光，崔泰源董事长遭逮捕
2005 年	收购韩国第五大石油炼制公司“仁川制油”
2012 年	收购全球知名半导体厂商“海力士”

SK财团在韩国移动通信服务市场的占有率为52%。在该领域，其拥有韩国国内最好的技术；同时还拥有全球最初实现CDMA商用化的丰富的服务经验，跨越无线、互联网、ICP领域的事业能力，持续的通信技术投资，等等。这一切都成为IMT-2000（国际移动电话系统-2000）的基础。

在2011年，SK财团旗下的SK创新（前SK能源）宣布与日本JX日矿日石能源公司合资，在韩国蔚山市成立全球最大的石油化学制品·润滑油工厂，此事在日本产业界也受到瞩目。2011年5月，SK财团旗下的SK M&C与日本“文化便利俱乐部”（注：Culture Convenience Club，CCC。主要经营管理复合式连锁零售店“TSUTAYA”。该店提供音乐、影像软件（CD、DVD）和书籍的租赁、贩卖，以及游戏软件的收购、贩卖等，展开了积分互换的服务：韩国的积分服务“OK现金返点积分”与日本的积分服务“T Point”之间可相互兑换。由此，对日本的消费者而言，SK也开始成为日常生活的一部分了。韩国目前约有七成人口使用“OK现金返点积分”，即大约3400万用户，加盟店则高达43000家，市场普及率极高。

在成立至今的60年时间里，SK财团在瞬息万变的环境中，不断战胜竞争对手，实现了三次巨大的飞跃过程。

第一次是1953年至60年代，SK财团经历了由织物到聚酯原丝的生产跨越。

第二次是20世纪70年代到80年代，SK财团完成了从石油到纤维的纵向整合。

第三次是 20 世纪 90 年代进军通信信息行业，SK 财团实现了再一次的飞跃。

今天，SK 财团已经成为全球领先的世界 500 强企业，并在以更快的速度走向全球。

SK 财团的成长，离不开其对全球市场策略的重视。SK 财团董事长崔泰源曾经说："21 世纪里，世界市场应该打破国内、国外市场的界限，形成一个整体的市场。要想在全球竞争中生存，就必须成为全球化企业。"

对于自己未来的发展方向与道路的规划，SK 财团在壮大国内市场的同时，还部署了六大战略根据地：一、中国；二、美国；三、日本；四、印度；五、越南；六、科威特，借此努力推进 SK 财团的全球扩展计划。这样的策略让 SK 财团的营业收入中出口所占比例日益增长。根据 2012 年的数字，SK 创新、SK 综合化学、SK 润滑油、SKC、SK 化学等制造业的集团企业的出口额共约 3595.2 亿元人民币，营业收入中有 74% 来自于出口。

2 布局亚洲，建立环太平洋经济控制圈

鉴于欧美的能源与移动通信市场均已趋于饱和，SK 财团选择避开这些区域，而是将目标锁定为有机会开拓市场的越南与印度等环太平洋新兴国家。结合六大战略根据地的部署，我们不难看出，SK 财团是想“成为太平洋区域的主角”，从而建立环太平洋的能源、通信控制圈。

SK 财团董事长崔泰源对于攻占太平洋市场表现出强烈的意愿。他说：“全球化是关乎企业存续的、应该最优先解决的课题。要把六大战略根据地整合在一起开拓市场。”

在能源领域，SK 财团正在太平洋地区建立起一个相互连接的链条，主要表现在以下四个方面：

（1）在中国拥有石油运输业务。

（2）在越南开发油田。

（3）在新加坡拥有物流基地。

（4）在印度尼西亚拥有天然气业务。

在石油业务方面，SK 财团除了积极在中国开拓市场，也致力于开发俄罗斯市场。SK Networks 就大手笔地耗费巨资 1.2 亿美元，买下由俄罗斯的石油公司和俄罗斯政府共同拥有的油页岩（含有原油的矿岩）矿山。面对在俄罗斯日益白热化的油田争夺战，SK 财团很快便占据了一席之地。

在移动通信服务方面，SK 电信以抢占 1 亿名用户为目标，目前正试图打造一块规模宏大的移动通信事业版图，涵盖中国、蒙古、越南和美国。

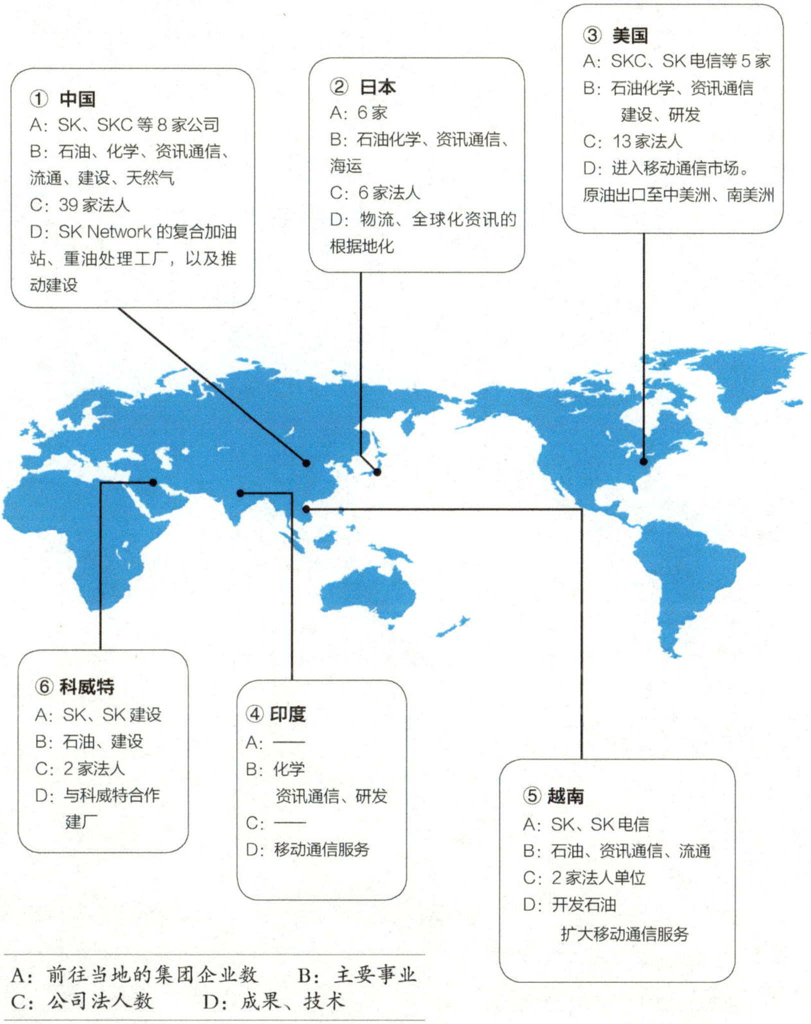

图 5-2　SK 财团的六大战略根据地

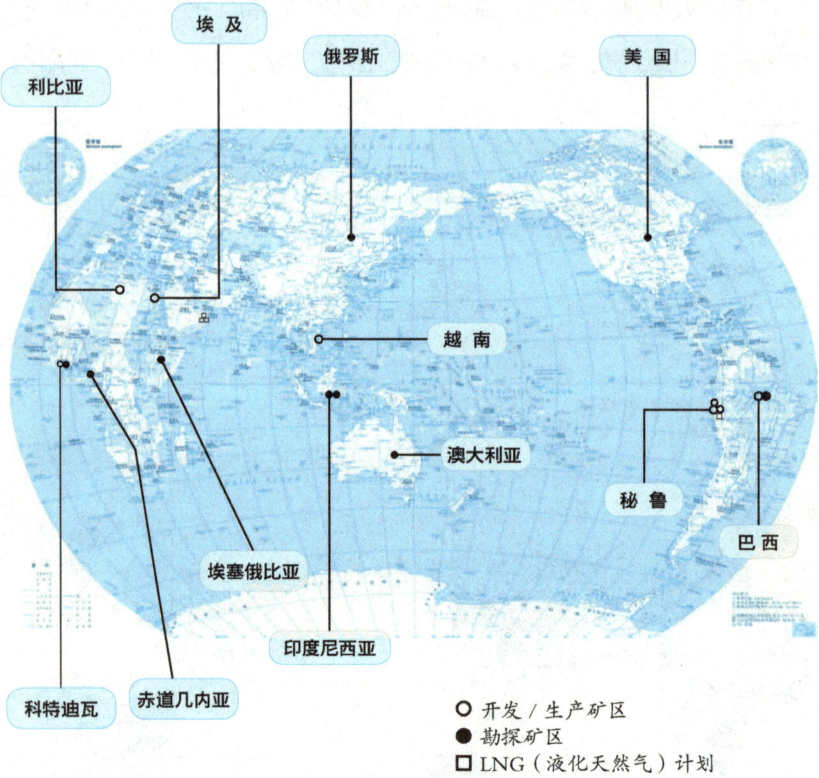

图 5–3 SK 石油 · 天然气开发状况

3 布局中南美市场，掌握资源主动权

中南美洲是能源的宝库，其经济增长也一直保持强劲的态势。

作为韩国的第二大贸易顺差区域，目前的中、南美洲已急速成为韩国重要的经济伙伴。SK 致力于中、南美洲的资源开发，目前也已取得不错的成绩。

2009 年 11 月，韩国政府制订了扩大与中南美洲经贸合作的方针。该方针的主要内容包括以下四点：

一、在 2021 年以前，为玻利维亚及危地马拉等国提供 14.56 亿元人民币的对外经济合作基金支持。

二、推动与秘鲁、哥伦比亚、南方共同市场（注：Mercosur，

单位：百万美元

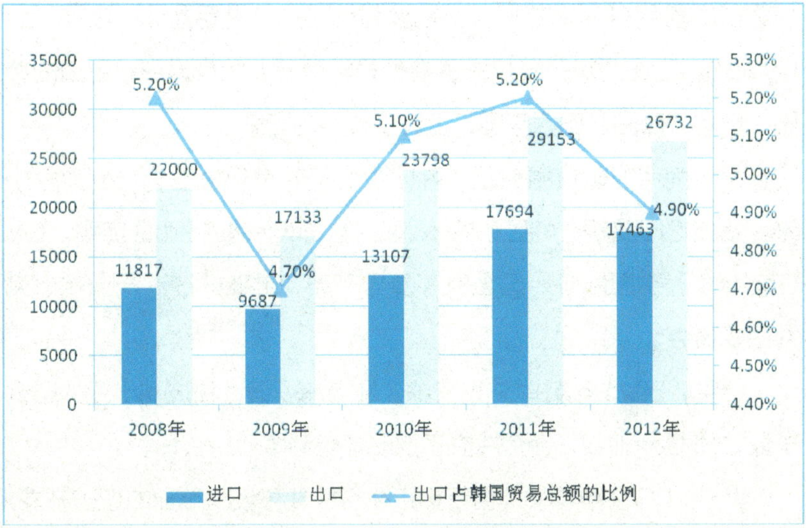

图 5-4　韩国对南方共同体贸易金额的变化

南美各国的关税同盟。占南美人口的 70%、GDP 的 75%) 的自由贸易协议。

三、举办与巴西的经贸部长会议。特别是讨论巴西高铁事业的承包事宜，以及在 2014 年世界杯足球赛、2016 年里约热内卢奥运会等活动中，如何协助韩国企业参与。

四、将经济合作扩大到资源、能源、环境、农业、工程、基础建设等层面。

同时，为了开拓和形成有利于本地区能源经营企业的海外投资和商业环境，进而建立起以能源合作为纽带的战略性同盟，韩国官方与民间携手合作，在中南美洲推动能源外交。尤其是针对有“锂三角”之称的蕴藏丰富锂矿的玻利维亚、阿根廷及智利。

锂是生产蓄电池的重要原料，随着油电混合车、电动车、手机及平板电脑等产品的产量急增，对锂原料的需求也日益增长。而全球锂矿的蕴藏量几乎有一半都在玻利维亚的乌尤尼盐湖 (Salar de Uyuni)，因此对其开发权的争夺也异常激烈。尤其是依赖进口的韩国、日本、法国、巴西等国，上演了激烈的竞争。

为了确保锂矿资源充足，韩国企业都非常积极地参与到竞争中来。诸如 SK 创新、韩国矿物资源公社、浦项钢铁、LG 商事、GS Caltex、大宇国际等韩国企业都参与了玻利维亚的锂矿产业化研究共同委员会。

结果，2011 年韩国矿物资源公社与浦项钢铁和玻利维亚的国营矿业公司 Comibol，合资成立了推动锂电池事业的公司。

此外，LG 化学与 SK 创新也正在积极参与玻利维亚的锂矿开发。LG 化学则提供电动车用电池给现代汽车、韩国 CT&T(电动车) 及美国的通用汽车、福特汽车、伊顿公司（Eaton Corporation），还有中国的长安汽车、瑞典的富豪汽车等。而 SK 创新则负责锂技术的研发与资源开发，主要从事的是锂电池薄膜（LiBS）的业务。

单位：百万美元

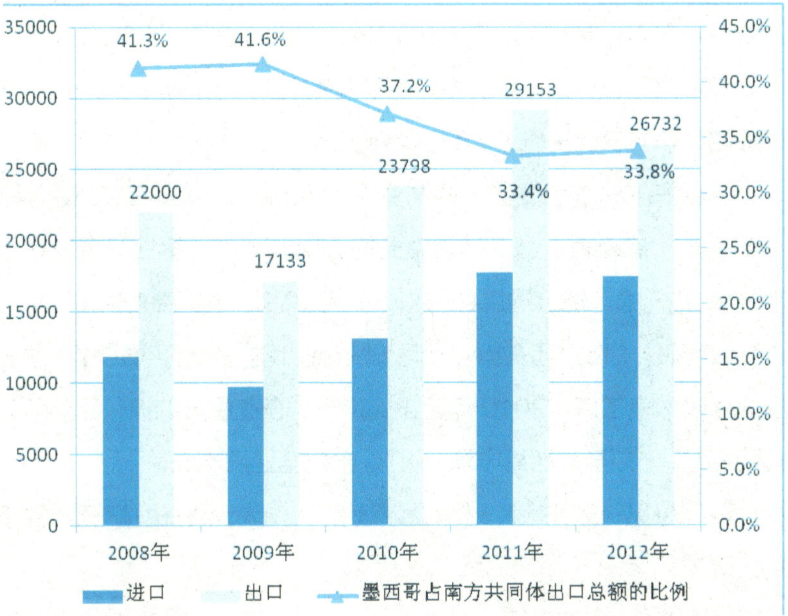

图 5–5　韩国对南方共同体（墨西哥）贸易金额的变化

此外，基于石油资源开发的全球战略眼光，SK 财团在全世界设了 31 处探勘所，其中有 11 处位于南美洲。而且**在已经确保的 5.2 亿桶原油储备中，有一半以上来自南美洲，即大约 3.5 亿桶。**2009 年，在巴西东南部的圣埃斯皮里图州沿岸（Espirito Santo）发现了新油田。到 2010 年，这里已成功试产出每日 7500 桶原油及 11.3 万立方米的天然气。

另外，现代财团也已经以 7 亿美元的价格，购得巴西钢铁制造商 EBX 集团旗下的铁矿采掘公司的部分股份，准备正式在南美地区发展资源事业。

在厄瓜多尔，SK 建设承包了不少大型工厂的兴建工程。继 2009 年承包埃斯梅拉达斯省（Esmeraldas）炼油工厂的修建工程（7600 万美元）后，于 2010 年又单独承包了马纳省（Manabi) 新设炼油工厂的设计工作（2.6 亿美元）。

厄瓜多尔总统拉斐尔·柯利亚（Rafael Correa) 在 2010 年访问韩国时，曾经表示："韩国企业的透明度很高，事业又经营得很有效率，我们很可能会选择SK建设等韩国企业，来负责兴建新工厂。"

在秘鲁，SK 财团在首都利马（Lima）南方的太平洋沿岸建了一座液化天然气工厂，2010 年起正式投产。在此生产的液化天然气，其中 60% 出口至墨西哥市场，40% 出口至亚洲市场。

可以想见，未来 SK 财团会继续在中、南美洲开发资源，并承包大型工厂。

4 进军土耳其，SK 与韩国其他企业同行

另一个吸引韩国企业的国家是土耳其。韩国政府积极推动与土耳其政府的互利合作。2010 年 6 月，土耳其总统居尔（Abdullah Gul）访韩，双方经友好协商，达成了以下共识：

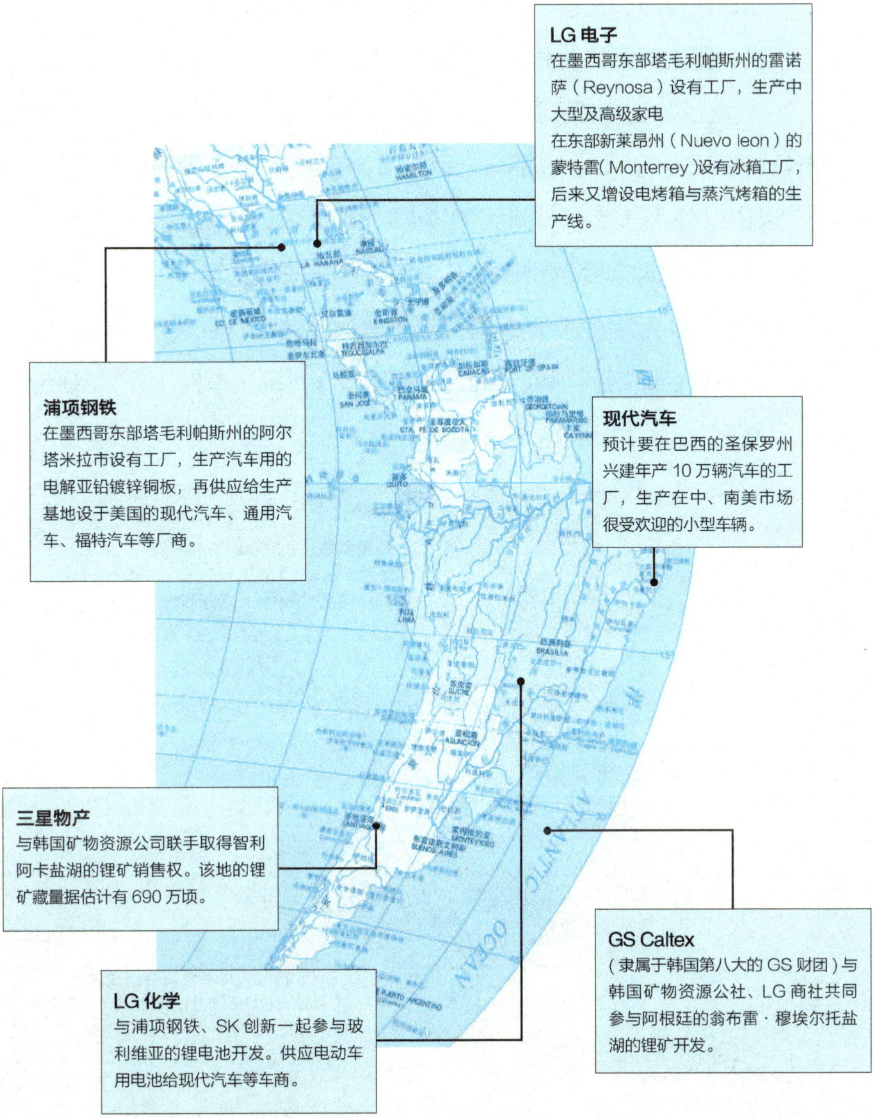

图 5-6 韩国企业在中、南美洲的发展状况（SK 财团以外）

一、签署自由贸易协议。

二、在能源、建设、国防产业等领域扩大实质协助。

三、促进两国的贸易与投资。

韩国企业也加快了进军土耳其的脚步，尤其四大财团在土耳其市场均表现出色。LG 电子与土耳其最大家电制造商阿齐利克（注：Arcelika，隶属于土耳其最大的科奇“Koc”财团）成立合资公司，在伊斯坦布尔近郊经营空调工厂。三星电子在土耳其手机市场（拥有超过 6300 万用户）逐步扩大市场份额。此外，现代汽车与该国企业共同在伊斯坦布尔近郊经营可年产 10 万辆汽车的工厂，2009

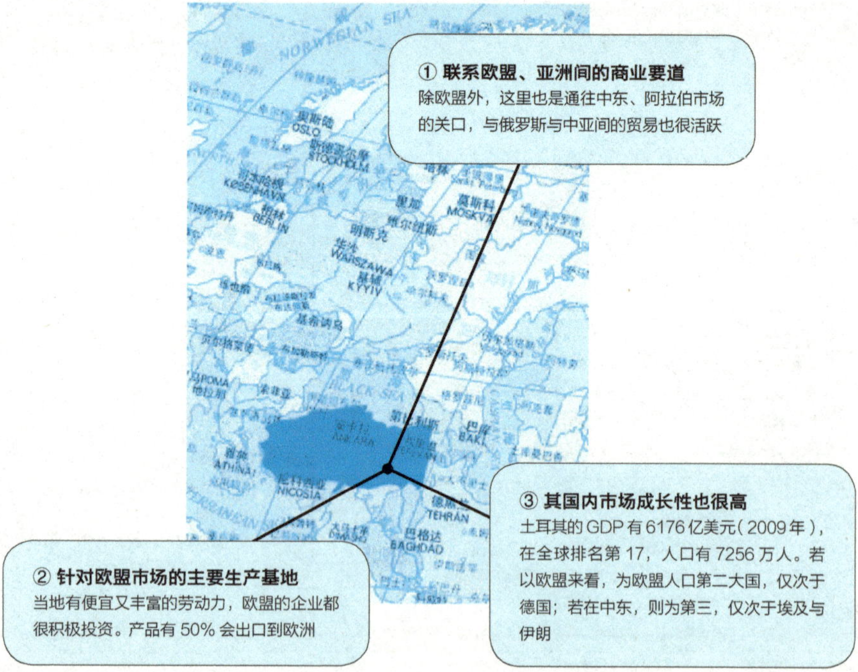

图 5-7 从地缘政治学看韩国对土耳其的定位

年还超越在土耳其市场占据第一名长达 11 年的雷诺汽车，成为市场占有率最高的汽车制造商。

至于 SK 建设，则是于 2011 年在土耳其的伊斯坦布尔开始动工兴建欧亚海底隧道。该隧道名为土耳其 · 欧亚隧道，是一条把欧亚大陆之间的博斯普鲁斯海峡连接起来、全长 14.6 公里的海底隧道。此隧道由 SK 建设与土耳其企业 Yapi Merkeziz 合作，工期预计达 4 年 7 个月，并包括约 26 年左右的维修与经营工作在内，是一项庞大的计划。另外，现代精密机械也将提供在博斯普鲁斯海峡海底隧道行驶的电动车厢。

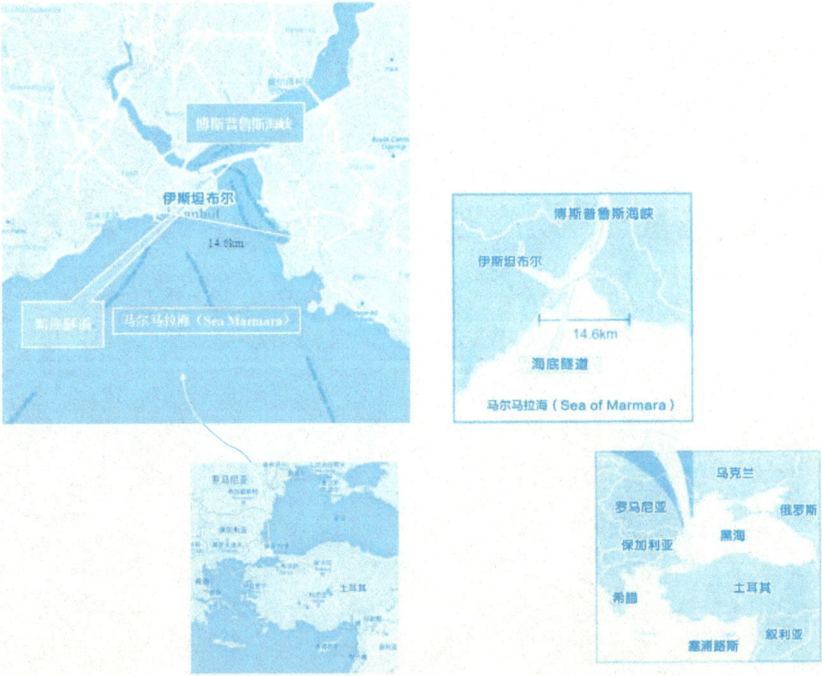

图 5-8 穿越博斯普鲁斯海峡的“土耳其欧亚隧道”

1 LG 财团的诞生与成长

2 LG 财团的全球战略

3 LG 与三星的博弈

4 韩国企业巨资投入新能源产业

第六章

LG 财团——为了活下去可以改名换姓

PART 6

LG 财团

总营业收入：	8120 亿元人民币
当期净利：	203.28 亿元人民币
总资产：	1334.6 亿元人民币
集团企业：	81 家
海外当地法人：	130 家
员工总人数：	213000 人
董事长：	具本茂

电子·家电

★ LG 电子
★ LG Innotek
★ LG Siltron
★ LG Lusem

化 学

★ LG 化学
★ LG 商事
★ LG 生活健康
★ LG 生命科学
★ LG MMA

资讯通讯·服务

★ LG 电信
★ LG NSYS
★ LG UPLUS
★ LG Hausys\
★ LG 显示
★ LG CNS

体 育

★ LG 双子（职棒）
★ 昌原 LG（篮球）

图 6-1 快速搞懂 LG 财团

LG 财团是韩国第四大财团，于 1931 年由具仁会、具哲会两兄弟创办，一开始从事的是纺织品批发业与运输业。LG 二字是“Lucky Goldstar”（幸运金星）的缩写，这个公司名暨品牌名，是在 1995 年 LG 化学的前身“乐喜”与 LG 电子的前身“金星社”合并之后才诞生的。

LG 财团的主要经营方向是电子与信息通信、家电、化学三大产业。集团企业共有 52 家，海外当地法人 130 家，员工总人数达 213000 人。其在白色家电、液晶电视、手机等领域的全球市场占有率均名列前茅。其核心企业 LG 电子在液晶电视的全球市场占有率排名第二，手机的全球市场占有率排名第三。该集团 2012 年的营业收入为 8120 亿元人民币，当期净利为 203.28 亿元人民币，总资产为 1334.6 亿元人民币。

1　LG 财团的诞生与成长

1947 年，具仁会兄弟成立化妆用品制造公司——乐喜化学工业社；1958 年又成立生产电子与电器设备的金星社（现 LG 电子），并于 1959 年在韩国开始生产收音机。

具仁会去世后，其长子具滋暻接班成为第二代董事长，于 1970 年带领公司成为顶尖的电视制造商，并于 20 世纪 90 年代确立了从化学原料到产品的上、下游全部包办的生产体制。此外，LG 财团还积极投资半导体，开始出口 DRAM。

1995 年，具滋暻的长子具本茂继任为第三代董事长。

2005 年，LG 财团分裂为三个独立的新财团：LG 财团（电子、化学、通信）、GS 财团（能源、流通），以及 LS 财团（电线、气体燃料）。

LG 财团自创业以来，凭借生产收音机、电视、电话、洗衣机、合成洗洁剂等产品，为韩国国民的生活带来了前所未有的改变。

但是最近几年，LG 集团却未能推出足以引导市场的新产品，再加上智能手机领域产品的落后，使其连续两季出现营业亏损。之所以在产品开发上有所延迟，其核心原因在于经营方面缺乏创新，有“跟着三星走”的问题。

表 6–1 LG 财团的发展过程

时间	变 迁
1931 年	哥哥具仁会与弟弟具哲会创办从事纺织品批发业与运输业的公司
1947 年	成立乐喜化学工业社生产化妆用品。具哲会的女婿许准九加入，确立了具家与许家共同经营的体制
1958 年	成立金星社，生产电子与电器设备
1959 年	成为韩国最早开始生产收音机的厂商
1960 年	在韩国最早开始生产电话、冰箱、空调、黑白电视
1969 年	创办人具仁会去世，长子具滋暻继任为董事长
1970 年	确立韩国电视制造商第一的地位
1990 年	确立化学产品从上游到下游全部包办的生产体制，积极投资半导体，开始出口 DRAM
1995 年	具滋暻的长子具本茂继任为第三代董事长。LG 电子的前身金星社与 LG 化学的前身乐喜合并，公司名与品牌名变更为 LG(乐金)
2005 年	LG 财团分裂为：LG 财团、GS 财团、LS 财团
2010 年	通过日本 NTT DoCoMo 销售的 L 系列手机在日本热卖

2 LG 财团的全球战略

走出韩国，布局全球。LG 在美国、日本谋求发展的同时，还通过“本地化”战略不断在亚洲抢占市场。对于 LG 来说，“只要能够活下去，甚至可以改名换姓”。

（一）韩国 LG，打造美国未来

LG 财团旗下的 LG 化学目前备受瞩目，原因在于其为电动车等产品提供蓄电池的业务成长十分显著。

2010 年，该公司在美国密歇根州兴建的电动车用锂电池工厂破土动工。美国总统奥巴马参加了典礼，并发表贺词：“LG 化学来到这里，创造出许多就业机会。他们不单单是兴建工厂，也是在打造美国的未来。”美国总统出席外国企业的动工典礼，这是相当少见的。该工厂自 2010 年 3 月起投产，每年生产的电池足以供应 6 万辆电动车使用，主要供货给通用汽车、福特汽车等车商。

LG 化学的目标是：在 2015 年，其电动车用锂电池业务的营收达 118.6 亿元人民币，并且在全球市场的占有率达 20%。此外，该公司正在韩国忠清北道的梧仓科技园区兴建韩国第一座电动车专用锂电池工厂。

（二）韩国明星“营销”日本市场

LG 电子进入日本市场最早可追溯到 2005 年。不过，LG 电子早期针对日本市场的营销策略不成熟，销售业绩惨淡，2008 年曾一度退出日本市场。

经过两年的准备，LG 电子于 2010 年强势回归。他们先是通过日本电信公司 NTT DoCoMo 发售手机 L-01A，受到广大日本消费者的追捧，比原本预计的要畅销许多。于是 LG 电子趁热打铁，一鼓作气又推出智能型手机 L-07C。L-07C 机型轻薄，加上配备有号称当时全球亮度最高的屏幕，销售状况也相当喜人。特别值得一提的是，LG 电子特意聘请韩国人气女子乐团 KARA 为该手机代言。L-07C 能有如此惊人的销售业绩，KARA 代言也功不可没。

同时，在液晶电视方面，LG 电子也试图在日本市场发起反攻，在营销方面强调产品的高性能，重点宣传“全球最薄的 LED”这一卖点。LG 电子还找来日本人气男演员向井理拍摄电视广告，该广告也迅速成为当时大街小巷热议的话题之一。

LG 电子在日本市场已经完成某种程度的反击。其今后的目标是攻占日本手机与电视市场各 5% 的份额。这一现象非常值得中国企业思考。韩国的企业常常针对日本这种成熟且自身品牌影响力、技术实力及占有率极高的市场进行进攻，并且取得了一定的成功。

（三）韩国企业，亚洲“本地化”

LG 财团在亚洲市场，将其“本地化”的经营策略发挥得淋漓尽致。

在印度市场，他们开发的产品完全符合当地文化特性，虏获了大量印度用户的心。

例如，LG 电子在印度推出的手机产品，考虑到印度道路噪声大的特点，便将来电铃声的音量设得较大。在微波炉方面，由于印度人很喜欢 101 这个数字（他们认为尾数是 1 比较吉祥），所以 LG 在微波炉上提供 101 种食谱。在洗衣机方面，提供有花的图案以及二十一种不同的颜色，以满足印度人的偏好。在电视产品方面，考虑到印度人喜欢大音量，因此扩音器就特别增强到 2000W；考虑到各地区的语言不同，电视的字幕有十种语言可选；此外还特地增加了菜单中的游戏功能，使印度人能够用电视玩他们钟爱的板球游戏。

在中东市场，LG 电子配合伊斯兰教的文化去设计手机功能。例如，“显示圣地麦加的方位”、“提供《古兰经》的语音与文字全文”、“每日五次礼拜时间的闹铃通知”、“设定礼拜中拒绝接听电话”、“内置伊斯兰历”等。

LG 在管理与人才方面也彻底实施本地化，积极起用当地人才。在印度，销售与人事等管理工作均交由印度员工负责；生产与财务工作则交由韩国员工负责。此外，在中国的工厂，LG 雇佣了多达四万名的中国员工，劳资关系也处理得十分得当。由于企业任用了当地人才担任干部，同时也积极协助工会开展活动，所以员工满意度也比较高。

LG 的本地化策略运用得可谓出神入化，他们很好地融入了各地，也与当地的伙伴企业融合得恰到好处。但也正因如此，全世界许多消费者都不知道 LG 原来是韩国企业。不少人都误以为 LG 是美国或中国企业，甚至认为它是日本企业。

而LG财团对于外界不知道自己是韩国企业、卖的是韩国产品，是抱着怎样的态度呢？“只要能够活下去，甚至可以改名换姓”，这足以表达LG的态度。即使别人不知道LG是韩国企业、卖的是韩国产品，那又有什么关系呢？他们更加关注的是产品是否受到世界各地人的欢迎、能否在激烈的全球市场竞争中存活，而消费者认为LG是哪国企业并不重要。

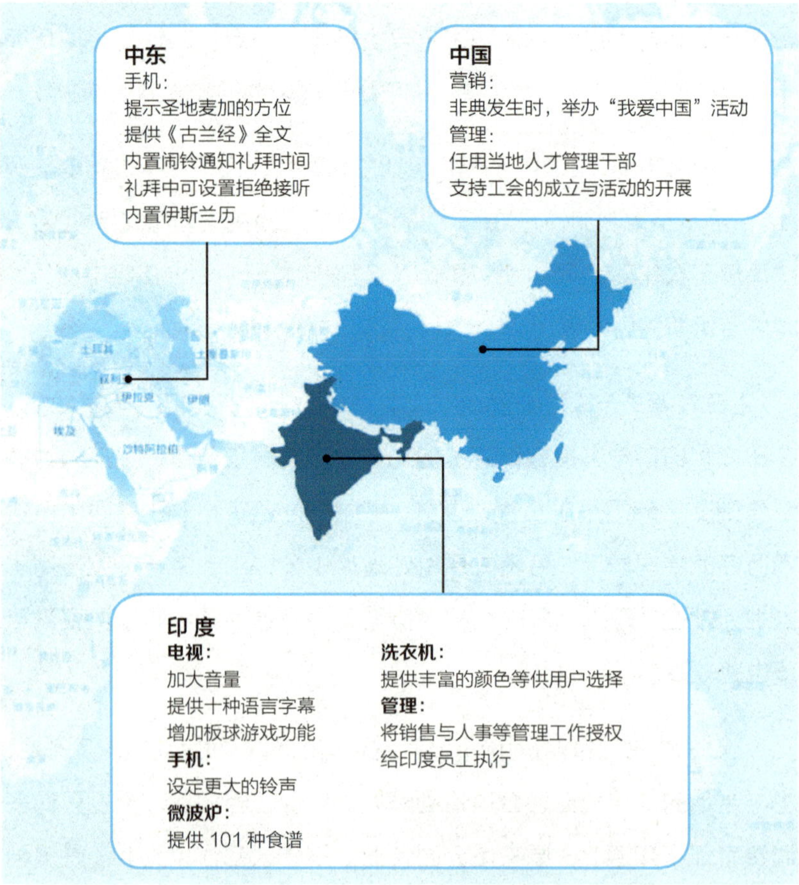

图6–2 LG财团的本地化营销案例

（四）联手三星，逐鹿越南市场

韩国与越南存在着战略合作伙伴关系，双方正在扩大经济合作。目前，越南是韩国第六大出口对象国。2012 年韩国对越南实现了 102 亿美元的贸易顺差。韩国和越南拟在 2014 年签署自由贸易协定，增强战略合作伙伴关系。

2010 年，韩国企业在越南收获颇丰。越南最大的企业，国营的越南国家石油公司 (Petrol Vietnam，PVN) 有一个总价达 255 亿美元的大型项目，找了韩国企业来进行投资。2010 年 11 月，越南国家石油公司与浦项钢铁、三星财团、SK 能源、韩国石油公社、乐天集团、斗山集团等韩国企业签订了合作备忘录。项目的主要内容是 16 个新项目（共计 40 亿美元），以及包括港湾、不动产、工业园区、石油与天然气等工程在内共计 36 个项目。其中，发电厂及化学工厂等新项目，优先让韩国企业承包，包括广平 (Quang Binh) 省的广泽第一煤炭火力发电厂（17 亿 7800 万美元）、胡志明市的环状二号线道路（3 亿 3100 万美元）、海防市的廷武聚酯工厂（3 亿 2500 万美元）等。

与越南国家石油公司的大型项目的合作，使韩国企业在越南的影响力越来越强。

而且，从 1992 年韩越两国正常往来以后，韩国企业便积极开拓越南市场，至今共有 2058 个投资项目，投资金额达 165 亿美元。韩国也成为在越南投资项目最多、投资总额排名第四的国家。

与以加工出口为主的欧美企业及日本企业不同，当大家把制造工厂从中国转移至越南时，韩国将越南定位为潜在市场，在当地积极开发家电、服务、建设等市场。

在家电领域，三星财团于 1996 年在胡志明市设立工厂，生产影音家电（电视、DVD）、白色家电（冰箱、洗衣机、空调）、计算机显示器等产品。

三星财团与 LG 财团都是以国际认同的质量、比日系产品便宜的价格、更受年轻人喜爱的设计与功能、利用韩流热潮的大规模广告宣传等为武器发动攻势。

LG 财团由越南北向南发展，三星从越南南部向北进攻。经过一段时间的发展，**自 2005 年起，两家公司在电视、冰箱、洗衣机等方面的市场占有率一直名列前茅。**

2009 年，三星财团在越南北部的北宁省启用当时全球最大规模的手机工厂。该工厂的总投资额为 6.7 亿美元，2010 年的产量达 7000 万台，2021 年的目标是 1 亿台。在该厂所生产的产品中，有九成送至出货需求正在逐步扩大的东南亚地区，未来还将发往欧洲、中东、非洲等地。

在 2013 年 3 月，三星在越南的第二座手机生产厂正式开工，该厂建成后将成为世界上最大的手机生产工厂，使三星电子在越南的手机生产能力增加到 2.4 亿台。而 2012 年三星电子在全世界的 8 家工厂共生产 4 亿台手机。这意味着，从 2015 年起，一半以上的三星手机都将在越南生产。

在越南的服务与建设方面，如新都市的开发、办公大楼的开发，以及饭店观光业、医疗设施等大型工程，韩国企业的表现也都非常抢眼。可以说，韩国企业已经在越南扎根甚深了。

表 6–2　韩国与东南亚国家联盟经济合作现况及发展方向

类 别	现 况	发展方向
建立区域治理	韩国与东南亚国家联盟之间的 FTA 生效	修改 FTA 及加速开放
		推动与主要国家间的 FTA
	韩国与东南亚国家联盟举行领袖会议	领袖会议经常化（每三年一次）
	东南亚国家联盟 +3（包含中国、日本、韩国）范围内的合作（东南亚自由贸易区、清迈协议多边化）	集中于东南亚自由贸易区
		设立东南亚货币基金
扩大贸易与投资	经营韩国，东南亚国家联盟中心（提供贸易、投资、观光之相关信息）	扩充韩国，东南亚国家联盟中心的功能（介绍东南亚国家联盟有潜力的企业与商品）
	韩国的贸易黑字	扩大来自东南亚国家联盟发展中国家的进口（扩大对于发展中国家的贸易优惠）
	韩国单方面投资（增加非制造业领域的投资）	强化韩国的制造业投资
		支持东南亚国家联盟吸引外来投资的活动（观光业与服务业）
企业间合作	初步合作	韩国、东南亚国家联盟商业论坛
		韩国与东南亚国家联盟各国的经济合作委员会
韩国式开发合作模式	由官方开援助 (Official Development Assistance, ODA) 协助各国	建立韩国式开发援助模式（ODA 援助计划的普及，重点放在提升东南亚国家联盟技术、环保合作）
		培育官方技术部门及研究人员（援助来自东南亚国家联盟各国的留学生）

3 LG与三星的博弈

韩国各财团长期以来都是以各自独立发展的方式共存共荣的。而近些年来，在某些相同产业中，各财团间也出现了一些合作的趋势。

之前，LG 电子一直把三星电子当做竞争对手，甚至在公众场合也不掩饰对三星的敌对意识，或者说将这种相互比较作为一种营销手段。

—— 2010 年 LG 电子在全球电视市场中确保了 28% 的市场占有率，与市场占有率排名第一的三星电子之间的差距缩小到了 3% 以内。

—— LG 的 3D 电视，技术水准比三星的产品更高。

—— LG 的 3D 眼镜重量只有 16 克，三星的则有 28 克。

（一）三星造访 LG“冰释前嫌”？

这种紧张的关系现在似乎是要有所缓和了吗？

2011 年 1 月，三星电子的总经理李在镕直接前往拜访 LG 财团的董事长具本茂，一方面是新年问候；另一方面，双方也借此机会进行了会谈。

关系紧张的竞争双方的接触引发了外界的纷纷猜测。在众说纷纭中，最具可信度的说法是三星电子与 LG 电子正在研究扩大合作或形成联盟。其实，这并非双方首度合作，在此之前，双方也曾多次尝试合作，不过都以失败告终。

2001 年，三星电子与 LG 电子就曾经合作过，双方相互 OEM（委由对方生产自己品牌的东西）烤箱及洗碗机等产品。但效果不佳，合作于 2004 年结束。

2008 年，双方也曾达成共识，要共同开发北美移动电视（Mobile TV）的技术标准。但因为北美的移动电视市场成长速度没有原本想象的那么快，产品开发也始终没什么进展。后来双方还曾在韩国政府的牵线下，签订相互采购 LCD 的备忘录，但因为 17 寸 LCD 的市场需求不振，最终没有达成实质性成果。

而对于此次接触，据韩国媒体的报道，很可能是三星电子与 LG 电子协商扩大大型集成电路（LSI）的供货量等事宜。

所谓大规模集成电路，是一种使用在电视等各式电子产品上将信息的演算处理或数据的保存等功能汇集在一起的半导体。不过，大规模集成电路的产业研发需要巨额的研发投资，还必须顺应客户的需求。短期来看，这是一个难以保证赢利的产业。

三星电子虽然已经给LG电子的手机产品供应大规模集成电路，但是供应量相对较小。

同时，三星电子在 2010 年已经和日本东芝达成采购协议，由三星电子代东芝生产大规模集成电路。不过，除委托由三星电子生产外，东芝也不排除与其他制造商签约。

即使对三星电子来说，大规模集成电路业务也仍然是一个高风险的事业。李在镕可能是为了确保大规模集成电路事业获得成功，才特地与具本茂董事长会面，研究再次合作或联盟的可能性。

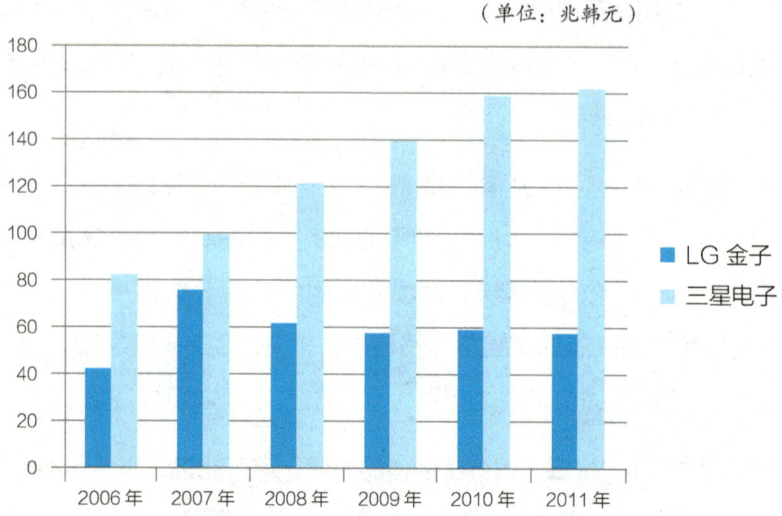

图 6-3　LG 电子与三星电子的营业收入演变

4 韩国企业巨资投入新能源产业

在太阳能电池市场，中国和日本发展得比较早，而较晚开始的韩国企业目前正积极追赶。据估计，2020 年的太阳能电池将扩大成为 3000 亿美元规模的市场，竞争将愈演愈烈。

在韩国企业中，三星电子、LG 电子、韩华财团、现代重工业、STX Solar 等公司都相继进入太阳能电池市场。2010 年上半年，韩国太阳能发电相关设备的出口总额达到 18 亿美元，是 2009 年同期的两倍，其发展势头非常迅猛。

LG 电子在 2010 年启用了兴建于庆尚北道的龟尾工厂，该厂的太阳能电池生产线估计有 12 万千瓦等级的产能。该生产线每年可生产 52 万个 1 米 ×1.6 米大小的太阳能电池，发电量足以供应四万个家庭使用一年。在此生产的太阳能电池组与太阳能电池模块，除了在韩国销售外，也会出口到欧洲市场，与中国、日本企业形成竞争。

2015 年之前，LG 电子的营业收入目标是 1680 亿元人民币。企业预计投入 560 亿元人民币在太阳能电池产业上，将该厂的产能扩大至全球最高水平：百万千瓦等级的规模。

韩国企业的一大特征是，擅长依靠大胆的大型投资，逐渐赶上领先企业的地位；另外也会充分利用其强项，如半导体、液晶面板、化学品等既有技术，形成综合效应。而目前，LG 财团正根据内部的中长期战略：“环境经营战略——环境 2020 计划”，强化其太阳能电池业务。在这份计划中，预计要在 2020 年以前投资 1120 亿元人民币，藉由太阳能电池等“新能源新产业”提高 10%。

然而，韩国的太阳能电池事业，仍有两大问题亟待解决，具体如下：

其一，在韩国扩大国内市场占有率。根据韩国能源管理工团的资料显示，韩国的太阳能电池模块市场中，韩国企业的市场占有率(2009 年底) 为 26%，中国企业为 53%，要想从最大供给国——中国的企业那里夺取市场占有率，必须要建立起价格竞争力才可以。

其二，必须尽快提升太阳能发电技术。根据韩国能源技术评价院所发表的《先进国企业与韩国企业的技术水准之比较》，先进国家企业的太阳能发电技术若为 100 分，韩国企业的技术目前就只有 70~80 分。

未来，能否像半导体或家电那样在技术的开发上有所突破，将成为决定韩国企业太阳能电池事业命运的关键。

表 6–3 全球太阳能电池产量

太阳能电池总产量：24262 百万瓦（2010 年）				
中国 58.5%（14193 百万瓦）	欧洲 16.4%（3966 百万瓦）	日本 10.5%（2546 百万瓦）	美国 8.4%（2043 百万瓦）	其他 6.2%（1515 百万瓦）
中电光伏（中国）1.4%	Q-cells（德国）3.9%	夏普 4.6%	First Solar（美国）7.3%	Sun Power（比利时）2.2%
宁波太阳能（中国）1.7%	SolarWorld（德国）2.1%	京瓷 2.7%	其他 1.1%	现代重工业（韩国）1.2%
加拿大太阳能（中国）2.2%	Bosch Solar Energy（德国）1.4%	三菱电机 1.7%		其他 2.9%
韩华太阳能（中国）2.2%	Scott Solar（德国）1.3%	其他 1.5%		
天合光能（中国）4.6%	REC ScanCell（挪威）2.1%			
英利新能源（中国）4.6%	其他（欧洲）5.6%			
善腾太阳能（中国）6.2%				
晶澳太阳能（中国）6.0%				
益通动能（中国台湾）1.7%				
新日光能源（中国台湾）2.2%				
茂迪（中国台湾）2.9%				
昱晶（中国台湾）3.3%				
常州亿晶光电（中国台湾）1.3%				
其他（中国与中国台湾）17.9%				

表 6–4　韩国企业的太阳能电池事业发展状况

企业名称	发展状况
三星电子	2009 年，结晶型太阳能电池的研发生产线在京畿道龙仁市的工厂开始运作 到 2020 年预计要投资 6 兆亿韩元，目标是在该领域达到 10 兆亿韩元的营业收入
乐金化学	在忠清北道的梧仓科技园区投资 728 亿元，兴建韩国第一个专门供应电动车的锂离子电池工厂 2010 年在美国密歇根州动工兴建电动车用锂离子电池工厂，动工典礼上由奥巴马总统致词祝贺
韩华	在蔚山工厂发展 3 万千瓦的太阳能电池生产，也开始供应给韩国国内的的太阳电池面板厂商 2010 年取得林洋新能源（中国）股份，将 59 万千瓦的生产设备纳入旗下 目标是要在 2020 年之前扩大到 400 万千瓦的产能
现代重工业	2009 年，在忠清北道的太阳能电池工厂启用，生产规模达 37.5 万千瓦，2012 年提升至 100 万千瓦
STX Solar	2009 年，在庆尚北道龟尾市的新工厂开始量产，一开始的年产能为 5 万千瓦，总投资额为 2000 亿韩元。预计 2014 年要扩大至 30 万千瓦的产能

第七章

其他值得关注的韩国企业

PART 7

1 浦项钢铁 —— 韩国最大的钢铁制造企业

2 韩华 —— 进军太阳能发电领域

3 现代重工业 —— 全球最大型造船公司

4 NHN —— Google、雅虎的强悍对手

5 纳克森 —— 在日本成功上市的在线游戏业者

浦项钢铁

产业：钢铁	
粗钢生产量：	3,798.6 万吨
总营业收入：	2,002.6 亿元人民币
当期净利：	140 亿元人民币
总资产：	2,929.9 亿元人民币
董事长：	郑俊阳

（2012）

韩华集团

产业：制造建设、金融、服务业	
总营业收入：	1,963.1 亿元人民币
当期净利：	56.9 亿元人民币
总资产：	6,217.6 亿元人民币
集团企业：	53 家
海外当地法人：	78 家
董事长：	金升渊

（2012）

图 7–1 快速搞懂其他值得关注的韩国企业

现代重工业

产　业：	综合重工业
总营业收入：	3,067.1 亿元人民币
当期净利：	77.3 亿元人民币
员工总人数：	38036 人
董事长：	李载星

（2012）

NHN

产　业：	网络服务
总营业收入：	133.8 亿元人民币
当期净利：	3,048.8 万人民币
员工总人数：	2495 人
董事长：	金相宪

（2012）

纳克森

产　业：	资讯（线上游戏）
总营业收入：	4.9 亿元人民币
当期净利：	2.13 亿元人民币
董事长：	李载星

（2012）

图 7-1 快速搞懂其他值得关注的韩国企业（续）

1 浦项钢铁——韩国最大的钢铁制造企业

浦项钢铁是韩国最大的钢铁制造企业，也是一家**全球粗钢产量排名第6(2012年)的大企业**，实力非常雄厚，曾被美国Morgan Stanley投资银行评定为“全球最具竞争力的钢铁制造企业”。浦项钢铁凭借其在急剧变化的全球商业环境中的技术竞争优势，迅速成为21世纪全球领先的钢铁制造企业。

浦项钢铁也发挥了许多韩国企业都有的强项——在选择与集中后果敢投资于研发。公司董事长郑俊阳有一个口头禅：**“不要说什么做不到、不可能、没办法，给我先做做看再说”**。

浦项钢铁在2007年成功开发出名为“Finex工艺”的新技术，它可以省略部分制铁工序，将污染排放和炼焦煤等资源及能源的消耗降到最低，也能够减少投资成本。而在过去，其他钢铁制造企业都无法将这样的工艺实用化，但是浦项钢铁在投入6亿美元研发资金之后，终于将这一技术开发出来了。

2009年，浦项钢铁的研发费用为24.8亿人民币，直逼日本钢铁公司新日本制铁的27.95亿元人民币。在汽车制造用高级钢材方面，该公司有9成以上产品的质量可以达到与新日本制铁相当的水平。

此外，浦项钢铁也致力于开发能够有效应用低质量原料的技术，力求同时兼顾成本与质量，实现超越日本钢材的竞争力。浦项钢铁在韩国企业中，作为继三星、现代、LG、SK、现代汽车、韩进之后的第七大企业，自从创立以来，没有出现过一次赤字，其卓越的创收能力在世界钢铁业界出类拔萃。

钢铁生产过程

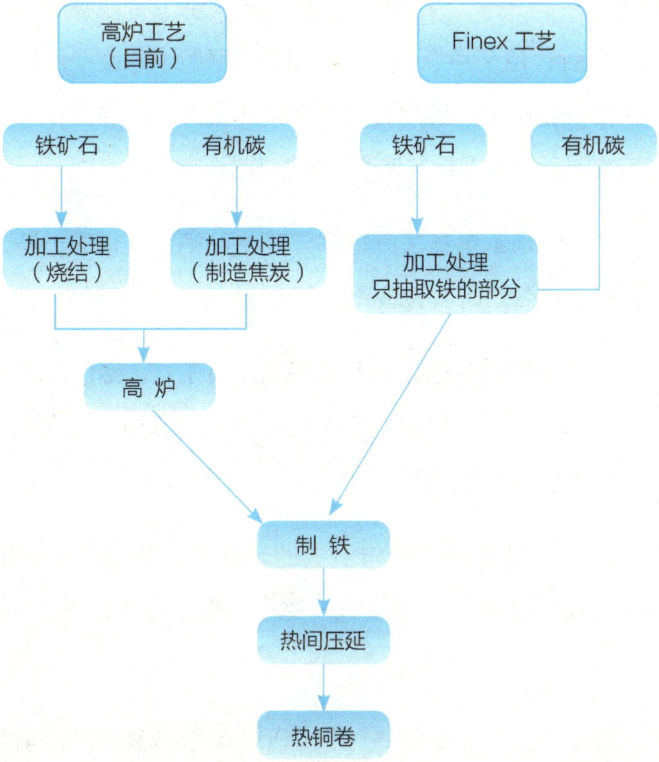

图 7-2　浦项钢铁的 Finex 工艺

（一）浦项钢铁的“亚洲联机生产”

浦项钢铁目前正在推行独特的全球战略，尤其注重的是亚洲部分。其策略在于，要在亚洲建立起一条包括“越南—泰国—印度尼西亚—中国—印度”在内的生产连线，因此正努力在海外兴建炼钢厂及收购企业。这种做法能够确保铁矿石和原材料煤的稳定供应或生产半成品。

其战略目的在于，要和全球第一钢铁制造商安赛乐米塔尔（Arcelor Mittal，位于卢森堡）的欧美生产联机（印度—法国—罗马尼亚—波兰—哈萨克—墨西哥）相抗衡。此外，浦项钢铁也希望借此做好与中国、日本钢铁制造商竞争的准备。

在中国，浦项钢铁在江苏省兴建了生产不锈钢材的一条龙炼钢厂，也正推动对当地钢铁制造商的收购计划。

在印度，浦项钢铁已在新德里等地设有工厂，专门裁切与加工钢卷形态的钢铁产品，并将钢板供应给当地的风神铃木汽车、塔塔汽车、通用汽车等汽车制造商。

在越南，新日本制铁参与投资的越南浦项钢铁（由浦项出资85%、新日本制铁出资 15%）已兴建了一座东南亚最大的冷延钢板工厂。

在印度尼西亚，浦项钢铁已于 2009 年与印度尼西亚国营钢铁制造商 Krakatau Steel 取得共识，要合资兴建上下游通包的一条龙式炼钢厂。

在泰国，浦项钢铁正推动收购东南亚最大的不锈钢制造商 Thainox Stainless 的计划。2011 年，浦项钢铁已取得该公司 66% 的股份，成为头号股东。

（二）浦项钢铁的突围之路

和韩国其他财团不同的是，浦项钢铁并不以企业主兼经理人为主流。因此，有人对于该集团的全球战略及改革措施投以怀疑的目光。由于经理人每隔几年就会更换，这也许会导致其难以抵挡外界压力，做到果敢决断及决策战略实施的延续性。

浦项钢铁的未来如何，一定程度上受着新日本制铁的影响。

新日本制铁与浦项钢铁自从在 2000 年缔结战略联盟以来，除了共同防御来自安赛乐米塔尔的收购外，还有过多次合作，如“在韩国合资成立公司，将制造过程中的副产品回收再利用”、“共同与巴西钢铁大厂淡水河谷（CVRD）公司交涉铁矿石价格”、“共同取得在巴西的矿山权益”、“共同出资建设越南的冷延工厂”等。

两家公司召开的技术交流会高达 500 次（累计 7000 人参加），彼此之间也有文化交流，每年会在两国举办交响乐或传统音乐等演奏会。新日本制铁与浦项钢铁这两家日韩企业间的合作之所以卓有成效，诸如此类的交流可谓功不可没。

2　韩华——进军太阳能发电领域

韩华财团为韩国十大财团之一，主要经营制造建设、金融、服务业等事业。

韩华财团成立于 1952 年，当时的名称是“韩国火药”，后来事业开始多元化发展，现在已成长为拥有 53 家关系企业及 78 家海外法人企业的财团；1994 年正式更名为目前的韩华。其全球业务网络遍布欧洲、美国、中国、东南亚和中东等地，并且凭借在工业制造、建筑地产、金融保险、能源开发等领域积累的竞争优势，不断开辟新的海外市场；在强化航空航天事业等新的未来发展动力的同时，将核心力量集中于海外资源开发领域。

韩华集团中具有代表性的企业包括：韩华大韩人寿保险公司、韩华损害保险公司、韩华证券、韩华化学、韩华建设、韩华 Galleria 等。韩华财团旗下还有一支韩国职业棒球队“韩华鹰队”。

韩华财团目前正积极推动太阳能发电事业。在其公布的计划中，已明确表示要在 2020 年之前，把新开始的太阳能电池事业扩大至 400 万千瓦的产能。**总投资额预计与三星电子同等规模，达 336 亿元人民币。**

目前，韩华财团已在蔚山工厂开始生产 300MW 的太阳能电池，供应给韩国国内的太阳电池面板厂商。此外，韩华财团也取得了中国林洋新能源 49.9% 的股份，将 50 万千瓦的太阳能电池生产设备收归旗下，预计要充分应用林洋新能源所拥有的海外销售渠道，在海外发展太阳能电池事业。2012 年，韩华财团斥资 4840 万美元收购德国太阳能电池制造商 Q-Cells 。根据双方协议，韩华石化将接收 Q-Cells 位于马来西亚的子公司，以及德国的研发、制造厂房。在收购 Q-Cells 之后，韩华石化每年将可制造 2.4 GW 的太阳能电池，远高于目前的 1.3 GW 年产量。完成收购后，韩华 Solarone 将成为仅次于中国晶澳太阳能和无锡尚德太阳能的世界第三大太阳能电池制造商。

韩华

成立于 1952 年，是韩华集体的母公司。主要分为“火药部门”与“贸易部门”

韩华大韩人寿保险公司

成立于 1946 年，是韩国第一家保险公司。2010 年成为一家在有价证券市场上市的大型人寿保险公司

韩华化学

成立于 1965 年，在韩国最早生产 PVC、LDPE、LLDPE 等合成树脂。目前进入太阳电池、太阳能发电系统等新成长的事业

韩华 L&C

经手地板材、窗框、人造大理石等建材，以及显示器用基板、功能性薄膜等电子通讯材料

韩华 Galleria

经营七家高级时尚百货公司“Galleria”

韩华饭店与度假村

经营度假公寓，高尔夫球场、各种主题类公园、会员制度度假村等事业，在这方面是韩国最大业者

韩华建筑

成立于 1962 年，从事于大规模建筑的设计与施工行业，积极在中东、美国、非洲等地发展全球化建筑事业

图 7-3　韩华财团的代表性关系企业

3　现代重工业——全球最大型造船公司

现代重工业集团是一个世界级的综合型重工业公司，是韩国重工业的摇篮。现代重工业是 1972 年由郑周永创办的，2002 年脱离现代财团独立，其主要的制造项目有：船只、工业机器人、厂房设备、太阳能发电、风力发电、发电设备、旋转机、重电机、重机械、工程机械、特殊汽车、车用电子设备、变压器、引擎等。

目前，现代重工业有限公司是**全球最大的造船公司**，2008 年共交货 102 艘船，创下全球最高纪录。同时，现代重工业还是韩国数一数二的大型机器人制造商。

（一）打造全球性太阳能企业

现代重工业在忠清北道的太阳能电池工厂于 2009 年开始启用，生产规模达 37 万千瓦，使用于太阳电池的模块组装工作。该公司不借助他人，建立起了一个能够顺应客户多样化要求的供给体制。预计该公司会继续投资下去，于 2021 年实现产能百万千瓦的产能。

2010 年，现代重工业以 7 亿美元的价格承包了美国绿色能源企业 Matinee Energy 的太阳能发电厂工程，该发电厂预计将达到 17.5 万千瓦的产能。在竞标的过程中，现代重工业击败了德国、中国等数家业内数一数二的企业。

现代重工业预计会分别在美国亚利桑那州的德拉古恩 (Dragoon) 地区与科奇斯 (Cochise) 地区，兴建 15 万千瓦与 2.5 万千瓦的太阳能发电厂，预计 2021 年年底前完工。该工程项目是以 EPC 的形态进行的，也就是涵盖设计 (Engineering)、采购 (Procurement)、建造与试营运 (Construction) 所有部分。

据了解，德拉古恩地区 15 万千瓦的发电厂落成后，将成为全球最大规模的单一太阳能发电厂。公司发言人金权泰表示：**“除供应太阳能产品外，这也是我们的一个好机会，证明我们有能力兴建大规模发电厂，成为外界眼中认可的全球性太阳能企业。”**而且，今后现代重工业还要在美国、欧洲、亚洲等地区积极承包大型发电厂工程。

（二）在俄罗斯创建“东北亚粮仓”

现代重工业还在俄罗斯沿海各州发展农业，参与了名为“绿色丝路”的商业战略，其目的是建立东北亚粮仓。目前，韩国企业已在俄罗斯沿海各州耕种 51 万公顷的农地、经营 50 座农场。2009 年，现代重工业已拥有一块 1 万公顷规模的农场。将来，现代重工业还要把农场规模扩大到 5 万公顷，每年生产 6 万吨的玉米与大豆。现代重工业赴俄罗斯发展农业，不但可以为公司日后发展奠定基础，也符合韩国政府鼓励企业到国外发展农业的施政方针，可谓一举两得。

表 7–1 现代财团的发展过程

时 间	变 迁
1946	郑周永在首尔创办现代汽车工业社（汽车修理业）
1947	成立现代建设、承包美军的建设工程
1963	在朴正熙政权下，承包军事基地、水坝、高速公路、核电厂等大规模项目
1967	成立现代汽车
1972	在蔚山市成立现代重工业，成为韩国第一家造船企业
1973	承包中东的建设工程，急速成长
1975	发售韩国第一款纯国产车“Pony”
1998	收购经营出问题的起亚汽车
2000	郑梦九率领的现代 · 起亚汽车脱离现代财团
2002	郑梦准率领的现代重工业脱离现代财团

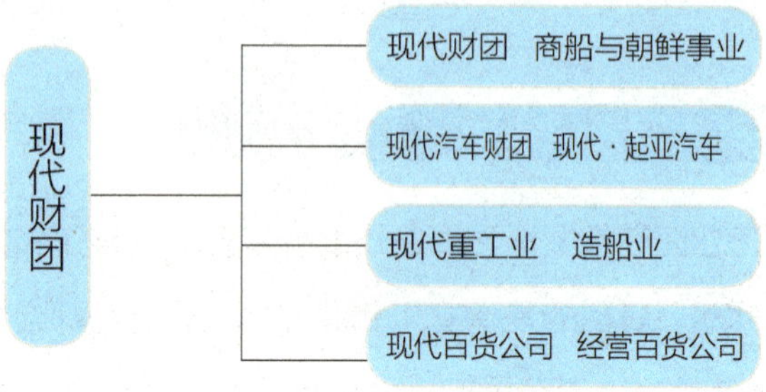

图 7-4 现代财团产业结构

4 NHN——Google、雅虎的强悍对手

NHN 公司成立于 1999 年，是韩国最大的网站服务公司，其名称来源于“Next Human Network”的缩写。该公司除了经营网络搜索业务与在线游戏业务外，也经营广告业务、电子商务业务等。其 2011 年的营业收入为 129.2 亿元人民币，当期净利达 45.2 亿元人民币股票总市值逾 616 亿元人民币，2007 年时股票总市值还曾达到 672 亿元人民币，在韩国一度引发热议。

如果单从信息领域来看，NHN 公司足以与三星电子、SK 电信等隶属于四大财团的企业相媲美，目前也是韩国最受瞩目的信息企业之一。

（一）在韩国处于绝对垄断的搜索引擎

NHN 发展最好的，还是其网络搜索业务，就如美国的谷歌、中国的百度。

NHN 旗下的搜索门户网站“NAVER”，2010 年在韩国创下 3400 万用户的纪录。相对于韩国 4900 万人口来说，其在韩国的市场占有率达到了近70%。

1999年“NAVER”刚成立时，雅虎在韩国还具有压倒性的市场占有率。但没过多久，在韩国用户的支持下，“NAVER”就成为韩国搜索市场的第一名了。后来，雅虎与Google都曾试图撼动“NAVER”的地位，但是始终未能实现。美国的《商业周刊》甚至还写过一篇报道，称之为“**在韩国市场让Google输得体无完肤的企业**”。

NAVER之所以备受用户喜爱，据说是因为其“综合搜索”功能。过去的网络搜索，都是用来搜索网站的。但NAVER在2000年左右，就已经建立起将搜索结果分门别类显示为网站、图片、文件、新闻的机制了。后来，NAVER的“综合搜索”就成了韩国网络用户的首选。

（二）稳居韩国国内在线游戏第一把交椅

在在线游戏业务方面，NHN也备受用户喜爱。其搜索页面设有游戏入口网站“Han Game”的链接，来自在线游戏的营收在韩国市场也独占鳌头。

所谓在线游戏，就是利用网络的特性、通过与网络相连的终端设备，可多人一起进行的游戏；除了游戏本身之外，还有许多种好玩的即时通信工具，如文字聊天、语音聊天、邮件、留言板功能等，非常吸引人。

NHN在日本市场的表现则不尽如人意。在2000年NHN尝试进入日本市场，除“Han Game”外，还成立了日文版的搜索引擎

“NAVER”，但未能吸引当时的日本网民，之后便退出了日本市场。2010 年 5 月，NHN 将日本网络服务供货商“活力门”（Live Door）纳为子公司，展现出再次进军日本、发展事业的雄心。

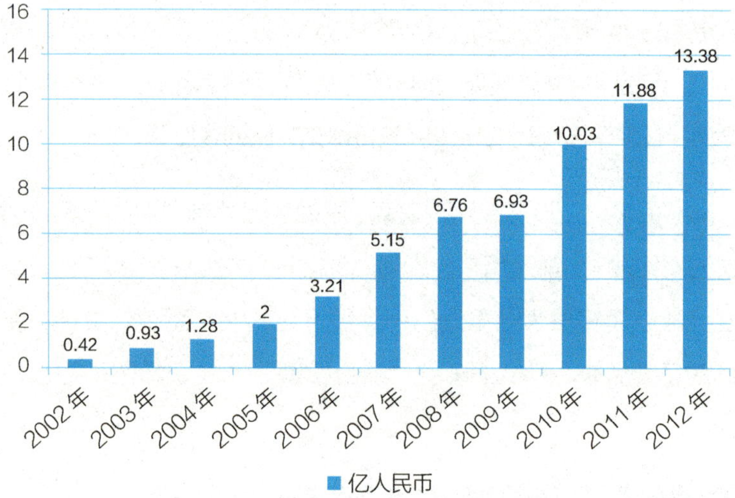

图 7-5 NHN 营收演变

5 纳克森——在日本成功上市的在线游戏业者

纳克森（NEXON）是一家开发并经营在线游戏的信息公司。这家韩国企业在日本游戏界备受瞩目。1996 年，该公司开始经营全球第一个图像接口的在线游戏《风之王国》，获得了众多用户的支持。后来，该公司又相继推出《地下城与勇士（DNF）》、《疯狂阿给之弹水阿给》、《跑跑卡丁车》、《枫之谷》、《玛奇》、《天翼之炼》等大受欢迎的游戏。

（一）立志于成为日本游戏领域的 No.1

1999 年，纳克森通过与日本网站 Grace-Net 合作，开始进入日本市场。2002 年又成立“日本纳克森”，后于 2009 年将公司名称变更为“纳克森股份有限公司”。2011 年，纳克森于日本上市，总股数约 4 亿 2500 万，总市值约 30.8 亿元人民币，是当年规模最大的上市新股。

与此同时，纳克森也将总公司移至日本，并将韩国的纳克森更名为“韩国纳克森公司”（NEXON Korea Corporation），将它变成日本纳克森的子公司。

2011 年，纳克森的合并营业收入为 54.04 亿元人民币，较 2010 年增长 25%，营业获利 2.13 亿元人民币，较 2010 年增长 26%。纳克森在这几年里通过并购来扩大事业领域，并以惊人的速度成长。在日本的在线游戏市场中，纳克森的市场占有率已经超越了 NHN 的“Han Game”，准备攻占第一名的宝座。

表 7-2 韩国游戏市场现况及今后预测

游戏	2009 年	2010 年		2011 年（预测）		2012 年（预测）		2013 年（预测）	
类别	营收	营收	成长率	营收	成长率	营收	成长率	营收	成长率
在线游戏	37087	37087	28.50%	57208	20.00%	71510	25.00%	85811	20.00%
掌上型游戏	5257	4268	-18.80%	5335	25.00%	6402	20.00%	7042	10.00%
手机游戏	2608	3167	21.40%	3800	20,0%	4636	22.00%	5796	25.00%
单机游戏	150	120	-20.00%	112	-67%	106	-5.40%	104	-1.90%
大型电玩	618	715	15.60%	15.60%	6.00%	815	7.50%	872	7.00%
网咖游戏	19342	17601	-9.00%	16545	-6.00%	15221	-8.00%	14156	-7.00%
大型电玩（游戏中心）	744	768	3.30%	791	3.00%	835	5.50%	885	6.00%
总计	65806	74312	12.90%	84549	13.80%	99525	17.70%	114666	15.20%

第八章

韩国企业，值得我们学什么

PART 8

1 韩国财团的三大危机

韩国企业目前存在三大危机：**世袭经营造成公司治理不透明，劳资纠纷问题，以及全球化管理尚不成熟。**

（一）世袭经营的危机

目前，除了三星财团的李在镕以外，韩国的一些财团都在经历第三代交接的过渡期，世代交替正快速发生。“世袭经营造成公司治理不透明”这一问题仍将长期存在。

2009年，现代汽车集团董事长郑梦九的长子郑义宣成为新任副董事长。

2009年，韩国第十八大财团新世界财团，由副董事长郑溶镇兼任执行长。新世界财团源自三星财团，郑溶镇是三星财团创办人的外孙（和三星的李在榕是表兄弟）。

韩国的主要财团如三星财团、现代汽车财团、新世界财团等，现在全都由四十岁左右的直系第三代担任第二领导人的职位，未来毫无疑问也会继续世袭经营下去。亦即公司治理不透明的问题，目前尚无法解决，这严重制约了一些优秀人才的加入与发展。

究竟韩国财团未来能否摆脱世袭经营的状况目前尚不得而知。

（二）劳资纠纷问题亟待解决

与其他国家相比，韩国的劳资协调水平算是较低的。

根据世界经济论坛（WEF）公布的劳资协调指数，在所调查的133个国家中，韩国排名第131位。此外，根据瑞士国际管理发展学院（IMD）公布的2009年劳资关系竞争力指数，在所调查的57个国家中，韩国排名第56位，倒数第二。

不过，最近可以看到，韩国在劳资问题的保护劳动者方面做出了一定改善，主要体现在以下三个方面：

其一，以要求加薪为目的的纠纷或大规模罢工数量逐渐减少，但抗议裁员、要求保障就业之类的小规模纠纷有增加的趋势。

其二，因为罢工而损失的劳动天数也减少了。2011年罢工损失合计42万9000天（共65件），与2010年的51万1000天（共86件）相比，已大幅减少。

其三，韩国劳资纠纷的指标性企业——现代汽车，已经同意在业绩好的时候接受加薪的要求。虽然劳资问题依旧存在，如在企业重组或者调整时都会大规模解雇员工，但相对于亚洲金融危机之前，情况已经改善了很多。

（三）全球化管理尚未成熟

目前，韩国企业正在经历一个重要的转型阶段——由一直以来只是在海外生产与销售的“全球销售”阶段，进入经营与人才两方面都契合全球市场的“全球化管理”阶段。韩国企业深知：必须成为名副其实的全球化企业，才能在新一轮的竞争中存活下来，此时全球化的企业管理与企业文化建设就成为韩国企业一个亟待解决的课题。

不过从现实状况来看，员工所意识到的全球化似乎尚未达到一个比较理想的局面。2009 年，三星电子曾在针对 200 位主管所举办的培训中，让他们讨论“三星电子是否为全球化企业”的议题，但在这些管理人员当中，只有 50% 认为三星电子已经是全球化企业。三星经济研究所的某位研究员曾表示，韩国企业的全球化脚步落后于中国与印度企业，尤其是在管理方面。

若想实现全球化管理，韩国企业仍存在另一大问题：**缺乏引领全球业界的经验。**

很久以来，韩国企业一直处于跟在美国企业或者日本企业身后紧紧追赶的状态，但今后要想成为全球的行业领导者，就必须摒弃这样的心态，做好走在最前面的心理准备。

三星与 LG 已经相继超过了日本家电厂商，如松下、索尼等，这确实是值得韩国国民骄傲的事情，但也使得这些企业没有时间享受自己在业界的领导地位，随时要面临着新竞争者的挑战，尤其是来自中国家电企业的竞争。

2 韩国企业，让日本企业也争相效仿

韩国企业有很多值得他国企业学习的地方，如由企业主自行担任经理人的领导模式，以及对研发与设备的大胆投资。假如忽视韩国企业的进步，只会使韩国企业因此而得利，在竞争中处于有利位置。当然我们既不必过高评价韩国企业，也不该过于低估其实力。

应该向韩国企业学习的，主要有以下几点：

一、企业主兼经理人的领导力。

二、决策后集中资源的积极投资。

三、在新兴国家市场的本地化策略。

四、重视产品品质与设计。

五、大胆的广告宣传手法与完善周到的售后服务。

六、国家文化输出与韩流营销。

七、官民联手开拓海外市场（FTA 策略、总统亲自推销）。

据报道，在韩国市场陷入苦战的韩国丰田社长中林尚夫于 2011 年在首尔举办的记者会上表示：**“我们必须以谦虚的态度，向现代汽车及韩国市场学习”**。

具体来说，他列举了三个学习要点：包括现代汽车在内，韩国企业对于工作的那种热心、决策的迅速及强力的领导力、能够全力支持领导力的幕僚团队。

丰田汽车总公司宣布，为了提高决策效率，要把原本 27 人的董

事减少到 10~15 人。今后，或许会有越来越多的国外企业学习韩国企业的成功经验，开始积极推动决策的速度及授权，这同样是值得中国企业思考的问题。

（一）如何学习和应用韩国企业的成功经验

相比于“该不该向韩国企业学习”，更重要的想法应该是“如何学好韩国企业”。

例如，可以从地缘政治学的角度学习韩国企业。印度的塔塔汽车及马恒达（Mahindra & Mahindra）等企业，分别收购了韩国的五家小客车制造商中的两家（大宇汽车、双龙汽车），这样做的目的之一就在于将韩国作为进军中国的跳板。

这样的想法，也可以在雷诺日产集团的董事长兼总经理卡洛斯·高恩（Carlos Ghosn）身上看到。雷诺日产曾一度是双龙汽车潜在的头号收购买家，但因为价格原因而收购失败。同样，中国企业收购也失败了。不过，从雷诺日产把生产基地的 50% 往九州岛集中，以及扩张雷诺三星的釜山工厂等举动来看，或可推测该公司目前仍在推动以韩国为根据地的战略。

（二）将韩国作为出口据点

目前，日本旭化成化学公司正在推动一项计划：在韩国蔚山市兴建可年产 25 万吨树脂原料的工厂，将韩国的产能提升到总计 55 万吨，待 2031 年工厂落成后，就成为该原料的全球最大生产基地。该工厂要生产的是液晶电视的机壳及汽车内部装潢所使用的高质量

ABS 树脂的主要原料——丙烯腈。

旭化成化学公司这样做有三个目的：

一、超越英国化学企业 Ineos，成为全球市场占有率第一（25%）。

二、满足随着中国事业的扩大而急速增长的韩国企业的需求。

三、以亚洲为中心，满足市场对于液晶电视等电子设备的旺盛需求。

（三）学习和应用韩国企业优点的案例

日本纺织塑料化学公司东丽也很期待韩国的 FTA 策略，正推动将韩国作为出口据点的策略。东丽公司曾宣布，要在 2022 年 1 月以前，在韩国的庆尚北道兴建碳纤维工厂，建设成全世界最大的碳纤维生产基地，生产用于计算机、汽车、风力发电、天然气槽等产品的碳纤维，预计供货到韩国与中国市场。

东丽是韩国第一家外资在亚洲兴建碳纤维工厂的企业。为何不在中国兴建，却要在韩国兴建？原因可能有以下五点：

一、可以和积极开发新技术的现代汽车等供应商合作，迅速提升需求量。

二、韩国积极与中国洽谈签订 FTA。

三、电费低，企业所得税低。碳纤维的生产需用到大量的电力，而韩国的电费比日本便宜 50%，比中国也便宜 40%。

四、韩国龟尾市展现出强烈的招商意志，也具备了积极支持的

政策；同时，韩国一些产业园也推出了 5 年免税的政策吸引投资。

五、韩国前总统李明博的亲哥哥，国会议员李相得曾多次造访东丽总公司，邀请东丽在韩国设厂与移转技术。

根据东丽发布的计划，该公司将在 2020 年之前共投资 21.74 亿元人民币，在韩国兴建年产量可增加到 1.4 万吨的全球最大碳纤维工厂，其产量比日本工厂多出两倍。由此可以看出，**中国的贸易型或制造型出口企业是完全有必要考虑以韩国作为物流枢纽的**。

3 日韩企业跨国合作，力图综合竞争力

日韩企业的合作，案例已经越来越多。这表示日本企业并不把韩国企业看成威胁，而是**可以合作开拓新兴国家市场的伙伴**——这是一种新的全球合作模式。

在双方的合作中，日本企业已经不再仅仅是“利用韩国企业节省成本”，而是“日韩企业可以应用彼此的长处，形成综合竞争力”。

在第七章介绍的浦项钢铁与新日本钢铁合作的案例，正是一种追求综合效益的合作方式。

（一）进驻韩国，日本全球发展事业的新机会

日本企业正式进入韩国，是希望大幅改变一直以来将“进军中国”等同于“进军亚洲”的商业战略。虽然日本的 FTA 策略已经落后于韩国，但是日本企业正通过到韩国发展或是与韩国企业联手合作利

用韩国 FTA 的优势。

今后，日本企业若与韩国当地的中间材料制造商或最终产品制造商共同生产，或是把韩国当作出口据点，都可能带来在全球发展事业的新机会。

此外，日韩企业也正在考虑联手进入印度、俄罗斯等国家。

（二）在各自商业领域的合作案例

在手机的电子付费服务方面，日韩大型通信企业正加速合作。日本电信服务公司 KDDI 正与韩国 SK 电信合作试推此服务。日本 NTT DoCoMo 与韩国电信公司 KT，也在三井住友信用卡及三星电子的协助下，预计在 2021 年底之前合作展开服务。

在动漫领域，日本 Takara Tomy 玩具公司也正与韩国最大玩具企业 SonoKong 合作制作动画。由双方共同出资，五年内要制作五部动画片，在日本与韩国上映。此外，日本游戏公司 Sega Sammy 也正和韩国的动画制作商大元媒体共同制作动画片。

日韩的银行也开始正式合作。至今已有日本瑞穗实业银行与新韩银行、韩国产业银行进行业务合作；日本住友信托银行与韩国 Hana 银行进行业务合作；日本三井住友银行与韩国国民银行进行业务合作。这给我们带来启示：中国的金融体制应该加速市场化进程。日本某大型银行干部曾透露：日本的银行希望融资给到海外发展的韩国企业，并扩大收益来源；韩国的银行则希望学习日本银行业到海外发展的经验。

日本伊藤忠商事（日本的综合商社之一，经营项目横跨纤维、石化、金属、电机、食品、通信、媒体、航天、物流、金融、保险、不动产等领域）与韩国乐天共同出资，设立特殊目的公司（注：特殊目的公司是一个非常特殊的法律实体，在很多情况下是一家“空壳公司”，股东只有一人，资本是象征性的，组织机构非常简单，很少有固定的经营场所、人员。其经营业务也比较单纯，只限证券化业务，除此之外一般不得有其他营运行为），取得了中国第四大电视购物企业乐拍购物 63% 的股权，开始进入中国的电视购物市场。

表 8–1 日韩企业合作实例

产业	日本企业名	韩国企业名	合作发表日	目的及策略
金融	国际协力银行	韩国进出口银行（国营）	2005 年 5 月	藉由协调融资等方式，让日韩企业能够在新兴国家承包大型项目。融合日本的技术能力与韩国的价格竞争力，与欧美企业对抗
	瑞穗实业银行	新韩银行、韩国产业银行（国营）	2006 年 9 月	资本与业务合作。重点放在在亚洲市场占有率有所成长的三星电子与现代汽车等韩国优良企业，展开投资银行事业
	住友信托银行	Hana 银行	2006 年 12 月	业务合作。目标在于扩大不动产中介与融资
	Resona	韩国外换银行	2007 年 1 月	业务合作。目标是给到韩国发展的日本企业提供融资
	三菱 UFJ 证券	大宇证券	2007 年 1 月	业务合作。给韩国提供中介服务企业在东京股市上市或购并
	三井住友银行	国民银行	2007 年 3 月	业务合作。提供企业融资服务给到韩国发展的日本企业、日韩的资金管理服务、贸易金融、在国际市场的项目融资等

（续表）

产业	日本企业名	韩国企业名	合作发表日	目的及策略
能源	新日本石油	SK	2007年1月	资本合作。锁定中国、印度等亚洲地区正在扩大的石油需求，兴建炼油厂及发展批发事业成本。藉由相互融通以降低运输成本
钢铁	JFE钢铁	东国制钢	2006年9月	强化资本合作。支持兴建厚板工厂的技术及制造高级厚板的技术，稳定供应扁钢胚原料
	JFE钢铁	现代制铁	2007年1月	开始洽谈资本与业务合作。参与兴建现代制铁的高炉，提供汽车用高级钢材技术、提高在亚洲的供货能力。此外，也在于对抗新日本制铁与浦项钢铁的合作关系，强化国际策略
	JFE钢铁	现代制铁	2007年1月	2000年开始合作。追求的是强化资本合作、共同抵抗收购、共同开发矿山、相互供应产品等乘数效果
邮购	伊藤忠商事	乐天	2010年8月	共同进入中国电视购物市场
物流	JR货物	韩国铁道公社	2006年9月	业务合作。2007年1月起展开东京与首尔间四天送抵的企业物流事业服务。前置时间比空运货物多一天，但物流成本减半
饮料	三宝乐	Maeil乳业	2001年	2001年业务合作，2012年2月资本合作。三宝乐要在韩国市场销售啤酒，就应用了Maeil乳业在当地的销售网
	麒麟	海特真露	2012年1月	加强合作。麒麟除在韩国市场销售一番榨啤酒等产品，海特真露则希望扩增商品种类、扩大销售

（续表）

产业	日本企业名	韩国企业名	合作发表日	目的及策略
电器电子	索尼	三星电子	2004 年 4 月	资本合作。成立合资公司 S-LCD（索尼 49%、三星 51%）。在韩国的忠清南道牙山共同生产液晶面板，以求稳定供货
			2006 年 6 月	将供应给索尼与三星的面板产能提高到每月 108 万片（以 32 吋计）
			2011 年 12 月	结束合作
	NTT DoCoMo	乐金电子	2005 年 6 月	业务合作。共同开发与销售手机，顺应多样化需求，以及时推出商品，确保成本竞争力
	KDDI	泛泰	2005 年 12 月	
	沃达丰	三星电子	2006 年 1 月	
	NTT DoCoMoKDDI 软件银行	SK 电信 KT	2011 年 12 月	设立让智能型手机普及成为电子付费工具的协商会。共同开发能够在车内安全而舒适地使用智能型手机的系统
汽车	丰田	三星电子	2012 年 2 月	
动画	Takara Tomy	孙悟空	2011 年 1 月	共同制作动画。锁定仅次于日本，亚洲第二大的韩国玩具市场（2000 亿韩元规模），第一项合作是制作与播映针对女性观众的电视动画《星光少女》（Pretty Rhythm），并计划在日、韩两国销售角色相关的玩具
	Sega Sammy	大元媒体	2012 年 2 月	共同制作、发行动画节目并在亚洲播映。此外也销售相关玩具及书籍等

精英社会铸造精英企业

——评《韩国四大财团转型升级中崛起》

在全球经济增长明显放缓、国际贸易环境严重萧条的当下，中国也面临经济增长放缓的危机，对出口的倚重日益脱离，转而倚向内需。反观中国周边以出口贸易与投资为主要增长动力的国家，均面临巨大的经济增长危机，但是韩国却是其中的另类，依然保持蓬勃发展的态势。尽管与中国毗邻，近年来，韩国不但没有被中国经济发展的光环所遮掩，更是走出了一条颇具韩国特色的国际化道路。韩国经济发展的助力是什么？韩国企业的发展又有哪些值得我们借鉴的地方？

国内学者对韩国经济发展的研究成果并不丰硕，对韩国企业在经营管理方面的著述则更加鲜见。

由陈根先生所著的《韩国四大财团转型升级中崛起》一书对韩国经济的发展进行了比较全面而深刻的剖析。书中明确提出韩国经济得以高速发展和迅速成功的关键因素就是其大企业财团在经济发展和工业化中发挥了堪称中流砥柱的作用。将国家和民族的未来放在少部分精英人士和精英企业的手中，是韩国经济与社会发展的重要特点。大企业财团集合了韩国的精英企业和精英人才，是韩国经济中一个独特的现象。作者用大量的数据和案例深度解析韩国排名前列的大财团企业，特别是三星、现代汽车、SK 和 LG 四大财团在企业发展与经营管理中的特点和问题，多角度地解读了韩国政府、大企业财团与社会精英在其中扮演的不同角色，从而使读者对韩国经济与社会发展都有一个比较全面而清晰的认识。

笔者从事管理咨询近20年，结合自身经验，对书中总结的韩国大企业在营销、集团管控、人力资源和企业国际化等方面与众不同却又颇有成效的经营策略深有感触。

本土化与文化输出的营销策略

韩国企业更关心的是消费者喜欢什么而非产品本身，这正是韩国产品与服务海外营销的独到之处。

譬如三星在对巴西当地社会进行深入调查研究后，针对不同社会阶层的消费者，设计不同的营销活动，力图拓展其在全社会的市场份额。现代汽车在印度也推出了针对不同阶层消费者的高中低端产品，并结合印度当地的着装与生活特点对车型与功能进行改良；为拓宽人脉、顺应当地政府与民众需求，现代汽车大量采用本土化合同工，甚至大胆启用前印度政府高官担任当地子公司的总经理，授权其处理劳工管理和劳资问题。

如果说本地化的营销策略是为被动迎合目标消费者群体的话，文化输出策略则可以视为主动引导消费者的“侵入策略”。韩流文化是近些年来非常引人关注的话题，在中国的娱乐与文化行业正处于探索模仿的起步阶段，韩国已经将欧美、日本的娱乐文化融会贯通，形成一套独具一格且推广速度极快的娱乐模式。再加上政府对软实力的高度重视及文化活动的大力支持，起步并不比中国早多少的韩流文化以惊人的速度成长并对外推广，对外推出了大量极受欢迎的电影电视、音乐作品，捧红了一代又一代韩流明星。韩国文化输出的过程可谓来势汹汹，仿佛在不经意间，包括中国、日本、东南亚在内的亚洲各国，甚至欧美部分国家就轻易接受了韩流入侵的现实，且难有反感（特别是在年轻人群体中）。在韩国文化产品的带领下，韩国品牌也悄然侵入。三星几乎是每部韩国电视、电影中都必不可少的logo，在屏幕上频频出现的韩国家电和生活用品也渐渐拥有了一大批粉丝；此外，韩剧中对韩国传统文化与生活方式的极力渲染与推广更是吸引着大批韩粉赴韩旅游，进而带动了韩国旅游业和当地消费的发展。

当人们疑惑现代汽车到底是哪国品牌的时候，当热播韩剧登上微博头条的时候，我们不得不佩服韩国企业在营销推广上的努力与成果，以及韩流文化日益膨胀的影响力。

中央集权与垂直式管理的集团管控

韩国大企业财团都是高度集权的家族企业，实行终身任职制，财团董事长对企业往往掌权数十年，企业高层相对稳定，更换速度慢。因而，每一任领导班子都可在其掌权期间充分把握企业发展方向，甚至采取冒进态度对内大胆改革、对外勇于开拓。而韩国的精英教育传统则保证了韩国大企业财团管理层的素质，精英人才经营精英企业。

三星财团的现任董事长李健熙就是一位典型的冒险家，在其任职期间不断变更经营哲学，提出了著名的“三明治论”与“危机论”，激励三星上下以“末日黄昏”的精神积极进取。而现代汽车财团董事长郑梦九则把“品质决定生死”作为自己的座右铭，在产品研发和工业设计上大胆投注，促使韩国汽车品质有了显著提高，在部分市场甚至让汽车龙头丰田也倍感压力。

企业主兼经理人，也就是董事长兼 CEO 的模式，实际上让企业形成了一种垂直管理模式，上层的想法和决策能够直接贯彻到企业基层，让整个企业更好地融为一体，上下一心；但与此同时，也对位于金字塔顶端的领导人提出了极高的要求，一人便可以决定一个企业的生死，进而影响一个国家的 GDP 增长：“精英决定国家命运”的思想在大企业管理中显露无疑。

培育精英与注重业绩的内部管理

精英培育其实是韩国整个社会的风尚，从基础教育到高等教育，运动员选拔与球队培养，再到专业人士的培训和精英员工的选拔，无不体现了精英策略。韩国高等院校的数量并不多，招生数额也有限定，而这个民族自身对教育的高度重视使韩国学生背负了沉重的压力。在这种激烈的竞争环境下成长起来的学生，从小就深谙只有精英才能进高等院校，才有机会进大企业财团，成为社会精英群体的一部分的道理。

韩国大企业对员工的选拔和培训则更为严苛。付出与收获不一定成正比，但是有绩效就一定会有回报：大企业财团的这种业绩英雄论正面激励员工随时都处于积极亢奋的工作状态之下，深谙只要稍有停滞就随时会被取代。

当然，如此严苛的精英培育机制，也必然会带来一些负面影响。学生和大企业员工因为学习和工作压力过大而时常发生一些令人扼腕的悲剧。韩国青少年的自杀率在世界排名第二，并且年龄有日益年轻化的趋势。在激赞韩国精英工作效率的同时，我们也不得不深思这种高效背后的代价又有多少。

总体上，韩国经济与社会的发展秉持着一种精英理念：在资源与内需受限的环境下，将社会绝大部分资源集中在少数精英手中，以便他们集中优势大胆进取。精英社会培育行业精英，行业精英塑造精英企业。这种精英理念是否符合中国发展道路有待商榷，但不可否认的是，在通往国际化的道路上，我们确实需要一批精英企业勇当先锋。

由于中韩两国国情与经济发展模式都大有不同，这套韩国特色的大企业财团经济发展模式并不一定适合中国企业照搬照用，而且这一模式本身也存在很多弊端和隐患。比较科学的方法是从中提炼出适合我们自身发展特点、能和我们自己的发展模式相融合的发展策略，再将其“中国化”，把别人的变成自己的。

笔者认为在营销策略上可供中国企业借鉴的意义比较大。比如，在本地化方面，中国企业可以在进入目标市场前期做大量的调研工作，充分了解目标市场消费者的偏好和需求；在进入目标市场后充分融入当地社会，从而更好地调动当地社会的人脉与资源。而文化输出带来的福利是不可限量的：以软实力为先锋，从文化产品开始逐步植入自己的影响力，可以减轻目标市场的反感，树立良好的企业与国家形象，甚至进一步拉动其他相关产业的发展。文化输出相对于本地化而言则更需要时间和耐心，特别是在“中国威胁论”风靡的当下，如何做到在输出文化的同时不引起目标市场的警惕甚至反感，是一个需要不断探索与反复尝试的课题。

理实国际（中国）董事长　首席合伙人　王颖